把生活过成你想要的样子

李　丽/著

中华工商联合出版社

图书在版编目(CIP)数据
把生活过成你想要的样子 / 李丽著. -- 北京 : 中华工商联合出版社, 2021.12
ISBN 978-7-5158-2980-7
Ⅰ.①把… Ⅱ.①李… Ⅲ.①人生哲学—通俗读物 Ⅳ.①B821-49

中国版本图书馆CIP数据核字(2021)第263196号

把生活过成你想要的样子

作　　者：李　丽
出 品 人：李　梁
责任编辑：胡小英
装帧设计：周　源
排版设计：水日方设计
责任审读：付德华
责任印制：迈致红
出版发行：中华工商联合出版社有限责任公司
印　　刷：北京毅峰迅捷印刷有限公司
版　　次：2022年4月第1版
印　　次：2022年4月第1次印刷
开　　本：710mm×1020mm　1/16
字　　数：150千字
印　　张：13.5
书　　号：ISBN 978-7-5158-2980-7
定　　价：48.00元

服务热线：010—58301130—0（前台）
销售热线：010—58302977（网店部）
010—58302166（门店部）
010—58302837（馆配部、新媒体部）
010—58302813（团购部）
地址邮编：北京市西城区西环广场A座
19—20层，100044
http://www. chgslcbs.cn
投稿热线：010—58302907（总编室）
投稿邮箱：1621239583@qq.com

[序　言]

幸福就在当下

本书的写作缘起于2020年新型冠状病毒疫情迅猛发展期间，但是写作内容则要深远和广阔得多。它们来自我近年的阅读、学习和成长，来自心理咨询中与来访者的对话，来自一个个沙龙中的各人分享，更来自寻常生活中我对身边各色人等的观察、聆听、转述和记录。

从一尘不染的房间，能看出一个女主人对于生活的热爱和自我的要求；从一张和孩子制作甜点的朋友圈照片，看到对家人的真情陪伴；从一株枯萎的植物，感受到生命的气息；在独处的冥想中凝视内心的真我；重归故里，相遇旧时光，与旧人、旧情、旧事和解并释怀；写下人生故事，看到自己的行为模式，突破自己的困局，翻转自己的故事……我是一个观察者，也是一个体验者。

我把如此众多自我和他人的日常和美好化作涓涓细流，慢慢浸入内心深处，不断打磨和筛选，最终汇聚为我对人与人、人与物、人与空间以及自然的思考，希望能在日复一日柴米油盐琐碎细小的日常里，找到当下的诗意和满足。

在疫情发展期间，我与所有配合疫情隔离政策的大多数人一样，“宅”在家里，这也正是将内心美好的记录和学习分享给众多读者朋友的绝佳时间，若您此刻感觉生活枯索乏味，我诚意邀请您从中“采摘”出适合自己的星星点点，让生活变得轻快、明媚起来。

我的职业是心理咨询师，但同时我也是妈妈、女儿和妻子，因此，我尽量以更为多元的视角，将我所理解的关于生活的美好传达给那些如我一样热爱生活的人，渴望以自己的方式打造出理想生活的人。

所以我把关于人生日常的每一天、两性亲密关系的技巧、悦己又悦人的充满激情活力而又深沉平静的智慧以及与人与己和谐沟通的感悟，最终通过由浅入深、层层递进的方式，与大家分享：在平凡的生活中，作为一个平凡的人，我们完全可以把握自己的幸福。

我希望阅读本书之后，你家的厨房里，有各种食材在锅里蒸煮煎炸，碰撞出美味，窗台上也会放着几盆蓝边白肚的搪瓷绿植和开放的鲜花，不仅在卧室，在房子的各个地方都飘荡着恋爱的味道；轻缓而欢快的音乐弥漫在各个角落，欢声笑语不时响起……

于此，我和你，我和你们，就在自然、本真且健康生活的同时，过上了踏踏实实又无比浪漫的情趣生活。

随着《向往的生活》《中餐厅》《亲爱的客栈》等慢综艺的热播，有越来越多热爱生命与生活的人以度假的方式开启理想的生活航道，在所有向往自然和奇迹的探索之路中，每一个心存美好、和谐、健康的人，都是生活家。

记住，每一天，你都可以抛开过往，开启崭新的人生。你准备好了吗？就从今天开始，让你接下来的人生，成为充实、愉快的时光，让我们一起从小事做起吧！新的尝试，新的生活！

幸福就在当下，就在你的手中！

李　丽

目 录

Contents

PART ❶

居家 · 日常：温暖光辉，为你绽放

PART ❷

亲密 · 两性：提升魅力，尽享甜蜜

PART ❸

悦己 · 悦人：身心俱美，自带光芒

PART ❹

陪伴 · 沟通：灵魂碰撞，真正连接

PART ❶

居家·日常：温暖光辉，为你绽放

诗，并不只存在于远方；当下，也不全是苟且。我们无法左右环境，但能照顾好自己的心。好好享受当下，在细微生活里你会发现，阳光透过指缝，太阳正为你绽放温暖光辉。

哎呀！一想到那些关于吃的美好

感觉生活枯燥之味，各种压力让我们疲惫不堪；或者我们身处困境，独守一隅；又或者不得不过上一段寂寥孤独的时光。如何把枯索的日常变得丰盈，让家成为诗意的空间呢？美食，可以帮你做到。

新冠疫情的肆虐，让举国上下的人们“宅”在家里。在有限的空间里，如何度过这段寂寥而又枯索的时光？于是，一大批自学成才的“厨师”纷纷出现，平日两指不沾阳春水的人们也纷纷挽起了袖子，在案板和锅台之间寻找生活的烟火气。美食，成了人们在时艰之中最大的心理慰藉。

当人处于焦躁和苦恼中的时候，面对不知道是好还是坏的未来，幸好还有美食值得期待，所有无法言说的心情，都可以在一顿热腾腾的美食中化为无形。

虽然生活不温柔，但美食有办法将我们不安的心慰藉。

当我们停下匆忙的脚步，专注于每一个生活的当下，就会发现，简单有趣的日常生活比诗还浪漫，其实，美好的生活并不是那么遥不可及。

○ 美食创造全新生活

我本人就是个厨房小白，小小的厨房对于我来说，意味着油烟、油腻、油渍，各种瓶瓶罐罐，搞不好会翻倒一片，偶尔被迫走进厨房，肉能切成球、蛋能煎成炭、青菜炒成黄菜……屡遭挫败之后就更不愿意在厨房驻留了。

疫情期间，因为有大把的时间待在家里，所以下厨房成了绕不过去的坎。为了改善家人的生活，我决定悠闲地包一次饺子，这种要花费好几个小时的活动，在过去快节奏的生活中是不可能实现的。在包饺子的整个过程，我专注于每一个步骤和环节，忽然就找到了一种创造的快乐，于是，我对面食作品的开发就一发不可收拾起来，每天沉浸在学习和动手实践中。

当然，对于只是看着视频教学的初学者来说，有些弯路是不可避免的，比如发面的时候，我把盆放在暖脚垫上，结果因为温度太高而直接将生面坯烘熟；烙韭菜盒子的时候，因为忙不开，无奈喊来老公帮忙，没想到这个没有任何培训的队友，将“水煎”变成了“水煮”……

一天天的探索和家人的协同制作，打造着我们共同的成就感和小欣喜。从面食到做菜、做汤，从食材到摆盘、餐具，我在美食上花费的心思越来越多，成就感也越来越大。

当老公双手捏着我多次实践终于烙制成功的红豆沙发面饼，由衷地说了一声："哇！真的感觉好幸福呀！"要知道，从这个对饮食比较挑剔的人嘴里说出这么一句，实属不易！家人的认可让我心中的疲劳即刻消散。

那一瞬间，我感觉到一种实实在在接地气的生活感，如此平凡，又如此充实，原来，忙忙碌碌准备一日三餐也让人如此快乐！

疫情让我们把目光从外界转向了内在，从宏观转向了微观，让我们在居家生活中也能体会到日常饮食里的广阔世界。缓解了特殊时期带给人们的慌乱与焦虑，也让我们放松解压，让大家变得更自信和快乐。

美食加强了人与人之间的联系和情感。我把每天精心制作的食物通过微信发给婆婆，请她点评指导，也时常就做饭问题打电话向她请教，过去感觉没什么话题的我们，如今每天都有说不完的话题，有时候公公也会忍不住在电话那边一起参与指导。

在制作美食的过程中，如若遇到了困难，我还会网上求助，有经验的朋友就会私信指导我。而朋友圈的食物展示，也刷新了朋友们对我的旧有认知，这让我的成就感很是爆棚啊！没想到，居家的几个月，我也成了"中华小当家"，解锁了一项新技能。

平时基本没有什么来往的邻居，如今也因为我送上自制的麻花而开始了礼尚往来的交往，我们相互赠送自制的美食，共同探讨制作失败的经验，比如我们尝试动手做东北的酸菜馅饺子，各自经历了失败之后共同明白了：酸菜必须要用水浸泡几次，把过浓的酸味去除，还要攥干水份，和肉馅混在一起时，还要适当放点水，以防止肉馅和酸菜太干不抱团……通过美食制作，我们成了可以交流生活经验和厨艺比拼的好朋友。

生活的惬意与欢乐，也许一直就在我们最不经意的日常中。

也许很多人和我一样，从排斥厨房到钟情于厨房，在艰难的时刻，更珍惜为家人做出的每一餐饭，更留恋跟家人一起度过的每一天。

○ 生活的本质是一种味道

如果说充满爱心地制作日常三餐能让人体会幸福的味道，那进行烘焙制作，更是充满乐趣的事情。有时候，只要一个人，一台烤箱，牛奶、面粉、糖、盐、黄油、淡奶油……精准称量、搅拌，拿捏的过程中，伴着美妙的音乐，慢慢烘，缓缓焙，满屋飘香，然后在烤箱“叮”声响起的瞬间，收获满满的成就感。

宅家的日子里，晓英给女儿每天换着样地做各式甜点，隔着屏幕都能感觉到她的用心和沉浸在其中的陶醉，早晨，她就开始发朋友圈了：“我做的这款提拉米苏是可可海绵蛋糕体，在海绵蛋糕制作过程中加入咖啡、可可粉等其他配方，所以其口感比手指饼干更丰富。蛋糕层以马斯卡彭芝士为主要材料，鸡蛋黄、鲜奶、朗姆酒制作的芝士糊，芝士糊抹在蛋糕上，芝士、蛋糕的香味融为一体，轻轻舀起一勺抿入嘴里，凉但不冰冷，口中顿感清爽，芝士所特有的粘滑，吃到嘴里，香、滑、甜、醇、柔，你会感觉到丰富的质感在口中轮番上阵，徐徐咽下，那般温柔甜蜜便会肆意地在全身每一处洋溢开来……”

与文字搭配的，是她和女儿一起制作蛋糕的照片，带着爱与温度的自制蛋糕，让人从味蕾甜到心底。

烘焙是和时光相处的一种方式，你交付了热情，收获家人朋友的夸赞和满足感，而你的幸福感会更强烈——口味和心灵的双重幸福感。

其实，生活的本质就是一种味道，是一种过程的体验。同样要经历那么多的时间，如何让生活过得有滋有味，每个人都有自己不同的答案。

○ 生存和生活的区别

将美食对人生活的影响诠释的非常彻底的，当属日本的美食电影《小森林冬春篇》和《小森林夏秋篇》。

这部电影讲述的是无法融入城市生活的主人公市子，从都市回到了自己出生的乡村。母亲五年前离家出走，市子独自一人过着自给自足的生活。一年四季景物更迭，市子每个季节都会制作不同的美食。用火炉烤面包，抹上自制果酱，咬下去那个酥脆的声音让人忍不住流口水；下河摸鱼，来几签香喷喷的盐烤鱼，配极鲜美的鱼汤；连丰收的西红柿都能做罐头，地上随便捡点核桃、板栗，就能做成美美的核桃饭和又甜又糯的糖煮板栗；还有融化冬天寒气的大炖菜……足以让屏幕旁的观众心之神往。

主人公市子用心地在大自然里耕种、收取、采摘，并耐心地一步步制作，即使是看似相同的炒蔬菜，她也能在细微的味道之间，尝出与母亲制作之间的小小差别，并且最终明白是哪个微小的细节产生的不同。每次吃饭，市子都一脸虔诚地跪在桌边，双手合十说一声：“我要开动了！”然后开始慢慢品尝。

市子对待食物的虔诚和认真令人感动，那里包含着对大自然的感恩，和对这一餐饭所有付出的感恩。在那些认真对待吃食的人身上，总是可以看到生活的真味，就藏于一蔬一饭间。

市子居住的森林四季更替，她一直一个人生活，但是她通过劳动和制作食物，将每一天都过得充实而快乐，并且充满了诗情画意。作为生存的基本和必要的活动，美食可以帮一个人抵御孤独，即便一个人独自生活，也可以如此有滋有味！

这部电影让人明白：吃东西并不只是为了果腹，也能明白“生存”与“生活”的区别。

《深夜食堂》《天堂餐厅》《澄沙之味》等众多美食电影也告诉我们：厨房是一个充满关怀、包容、温暖，让心灵栖息的地方，厨房的宽广和食物的美味，能够让更多孤寂的心灵得到疗愈，重获新生。原来，美食可以是救赎，是爱，是让人心灵温暖的东西。

有时候，我们因为主动或被动的原因，与其他人断了联系，或许还独自身处异地，境遇惨烈，但是，别忘了，还有美食。就像著名的吃货苏东坡，被贬到惠州之后，有了荔枝可吃，便可安居岭南，于是有了“日啖荔枝三百颗，不辞长作岭南人”；垂暮的苏轼又一次被贬到毒蛇出没、瘴气弥漫的海南，即便是过着食无肉、病无药、居无室、出无友的生活，但是他发现了生蚝这种美味，便也能欣欣然地生活。

“此心安处是吾乡”，随缘自适，仅有美食相伴，已足矣！

最接地气的疗愈场——早市

看看生鸡活鸭，买一点新鲜水灵的瓜果蔬菜，体会一下在人群中热热闹闹、挨挨挤挤的感觉，你有没有感觉到，早市这个最接地气的地方，酝酿着最旺盛的生命力？

如果你体验过城市和乡村的不同生活，就会了解超市与早市的区别。那些自由散漫的早市，是现在城市中那些超市的前身，而宽敞明亮的超市，则是现代都市的代表。超市整洁、有秩序、价格明了，付款便好，但是它也是冰冷的、机械的，日日生活在城市环境中的人，如果不注意调节自己的生活，也可能会染上冰冷、机械的“城市病”。而早市的热闹、多元，聚集个性化、层次感和趣味性的人群，对城市以及生活在城市中的人们来说，是一个非常好的心灵补充。

○ 接地气的生活才生动

小敏最近刚在公司里受到了重创，不仅客户被同事抢走，还因自己的业绩连续三个月垫底而被上司毫不留情地扫地出门。沮丧透了的小敏就此窝在家里，先是在床上睡了一天，接下来就抱着一堆零食没日没夜地刷电视剧，过上了晚不睡、早不起的生活。

第三天早上九点多，还在睡梦中的小敏迷迷糊糊地听见有人在砸她的房门，打开门，高中同学婧婧便直冲进来："你颓废的日子过得也差不多了，来来来，赶紧穿上衣服，姐们儿带你去真正的人间走走！"

小敏一边挠着乱蓬蓬的头发，一边睡眼惺忪地说："我再休息几天就没事了……"

"你再这么休息，就毁了。赶紧穿衣服，跟我走！"婧婧态度很强硬，不容分说就把小敏推进卫生间让她赶紧洗漱。

小敏梳妆完毕，还是有些懵："我们要去哪里？"

"去早市！"婧婧拉上小敏就要走。

"要吃饭，网上点个外卖不就完了，有必要这么兴师动众吗？"

"网上那叫什么饭？你知道蔬菜是不是新鲜？肉到底冻了多久？你去菜市场看看，好菜有多漂亮，做出来有多好吃，你呀，30多岁还到处点外卖，不知道怎么做饭，过得不食人间烟火似的，你跟着我去趟早市，就知道怎么过日子了。"

"那也没必要去早市啊，楼下小超市也卖菜和肉。"小敏被婧婧架着，还是一副懒洋洋的样子。

“去超市，那只能叫买东西，可是到早市，那是去体会人间百态，体会接地气的生活！”婧婧不容分说，拉起小敏便往外走。

在小敏的印象中，潮湿杂乱的地面，鱼肉家禽的腥气，脏乱差的早市环境实在不好，她才懒得去那种地方。赶早市是自己小时候和父母一起生活时残留的那么一点记忆，如今去赶早市的人，难道不都是大爷大妈吗？大楼里的超市，干净、明亮，东西整整齐齐，明码标价，想买什么就买什么，还不用讨价还价，多轻松，真搞不懂婧婧为什么要去脏乱差的地方？

早市上，一家粮店正在现场为新稻子脱壳，晶莹白净的米粒从机器的另一端流淌出来，粮店的主人正开着手机在做直播，她的声音掺杂在市场中的吆喝声、叫卖声、讨价还价声中，渐渐随着小敏的远离而消失。转到早市的尽头，几个新疆的小伙子在现场制作烤馕，操着一口新疆口音在招呼着顾客，音响里放着快节奏的新疆舞曲。另一边，有人卖着早上自己刚从河里钓来的鱼；还有一边，有个白胡子老者正在神秘兮兮地向别人介绍放在小地毯上的“古董”；挨着老者的大妈，面前只有一筐大鹅蛋，大妈正拿抹布一个一个仔细地擦着……红彤彤的西红柿、绿油油的西兰花、黄灿灿的大香蕉生机盎然地整齐码放着，小敏忽然就莫名其妙地感动起来，这些蔬菜水果真的美得像艺术品……一股麻花的香甜气味飘了过来，食品铺子的老板正从黄澄澄的热油里捞出刚炸好的麻花，小敏忽然有了想吃的冲动。

小敏走着走着，视、听、触、味、嗅各种感官都重新启动了，就像一个麻木已久的人，渐渐苏醒一般，人慢慢就变得豁然开朗起来了。

没来早市之前，小敏还是迷茫低落的，三十多岁了，周围同学朋友都成家生孩子了，自己还是单身，工作不仅平凡还失业了，爸妈不时电话催婚，又马上要到给房东交房租的日子了……各种生活的压力，让她只想找个地方窝起来。

每天上班、回家，两点一线，吃着速食、刷着手机，日复一日，机械而乏味地生活着，可是，如今走在闹腾的早市，小敏突然觉得，虽然糟心事还在，可日子好像也没想象的那么糟糕。这世上的人们，就像早市这些人一样，通过各种方式生活着，虽然有人活得很艰辛，但还活得劲头十足，虽然人们为了几毛钱，大声争执着，完全不顾旁人的看法、感受，但小敏能感觉到盎然的生命状态。

“每当我不开心，或者情绪很低落的时候，我就去赶赶早市，逛逛菜市场，看看生鸡活鸭，买一点新鲜的瓜果蔬菜，体会一下在人群中热热闹闹、挨挨挤挤的感觉，你有没有感觉到，早市这个最接地气的地方，酝酿着最旺盛的生命力？”

婧婧陪着小敏从早市走回来的时候，和她谈论自己的“早市疗愈之道”，而此刻拎着好几袋子蔬菜瓜果的小敏也切实地感受了早市真实而热气腾腾的生活；被菜市场裹挟着满满能量滋养的小敏，此刻已经和去早市之前的小敏不一样了。

小敏不敢相信，自己过去曾那么不屑的尘埃生活里，竟然蕴藏着如此丰富的内容！为什么自己不像婧婧那样总是幸福满满的样子呢？确实自己距离真实的生活太远，远得失去了对幸福的感知能力。以为有了更好的工作，有了更多的钱，找到一个爱自己的人就会满足，其实不是，人生并非经过大事才会改变，生活都是在一点一滴的小事中调整，潜移默化地过好每一个当下，才是幸福最真实的模样……小敏的内心已经开始欢腾起来。

回到家里，婧婧和小敏将买回的菜品分好类装进冰箱里，留下一些开始“乒乒乓乓”地制作起来。小敏在婧婧的指导下，将菜“刺啦”一声倒进油锅里的那一瞬间，小敏感觉自己的心，彻底苏醒了。

婧婧打开自己的包，将早晨带来的榨汁机拿出来，把在市场上买的橘黄的橙子放进去，用力一压，透明的玻璃杯里便新添了绿色环保的果汁，空气中荡漾着酸甜的味道。

将自己亲手做的饭菜端上来，小敏举起刚榨好的果汁，由衷地对婧婧说：“谢谢你，我好了！”

○ 看得见的人生才可借鉴

成年人通过早市获得疗愈，体验到了什么是生动的生活。

孩子也一样。

有个老家的同学有一天在网上和我求助。她儿子上五年级了，老师隔三差五地就向她告状说孩子在班级里如何如何捣乱，有时候作业也不愿意写，还有一个很关键的问题：孩子经常说上学有什么用，自己不愿意上学。后来，我给同学出了一个主意，让她去试试。

第二天，我这个同学就提前和老师请了假，然后对儿子说：你不是不愿意上学吗，今天我们就体验一下不上学的感觉。

趁着天热的时候，这个妈妈带儿子去早市买菜，太阳火辣辣地晒着，她儿子逛了一会儿就受不住了，一个劲地催着妈妈快点，他要热死了，要回家！而他妈妈没顺着他，而是继续挑选，就这样差不多待了一个小时，她才带着儿子打道回府。

回去的路上，妈妈装作不经意地说："很多人的工作都和这些卖菜的工作一样，很辛苦，这么热的天，都要在太阳底下坚持工作的。"

儿子说："是呀，天那么热，我都受不了了。"

妈妈语带深意地说了一句："天这么热，咱们可以回家休息，那些卖菜的人却不可以呢。"

儿子很好奇："为什么不可以？想休息就休息呗，又没有人管着他们。"

妈妈回答道："他们哪个摊位是空着的？他们都在坚持，因为坚持完一天，他们才能挣到更多的钱，才能养家呀。因为学历低，没有太多的能力去选择更多的工作，所以只能在这样的环境下坚持工作。"

"儿子，你在教室里的环境比他们好多了。他们都可以坚持，你要不要也坚持下？妈妈希望你的未来能有更多、更好的选择。"

儿子若有所思，却并没有说什么。

妈妈以为没有什么效果，正暗自失望计划失败。

晚上八点多的时候，我同学兴冲冲地给我发信息说，她从门缝儿里看到儿子拿着课本在看，这是儿子第一次主动学习！

其实，和孩子讲读书的大道理是没用的，最重要的是让孩子通过切身的体验明白：在该读书的年纪偷懒，他日生活会用另一种方式让你偿还。

不论孩子还是成年人，何时爱上这充满市井气的早市、烟火气的生活都不晚，当然，越早越好。

抚慰你浮躁不安的朋友——绿植

你若陷入焦虑，日子便长出浮躁；你若心态平和，日子便结出温柔。养绿植，不止让人收获悦目风景，更让人感受到安下心的那份难得宁静。

在焦躁不安的日子里，你可以试着养养植物。

植物本身具有很多对人体健康有益的元素。研究证明，植物产生的空气负离子具有调节中枢神经、降低血压、改善肺功能、提高机体免疫力、促进内分泌协调等作用。植物释放的植物精素，有降压、镇定等作用，能起到芳香理疗的功效。植物色彩对人的感知、认识、理解、记忆起重要作用，使人心情平和、宁静，充满希望。

○ 植物能带给人安宁

初入职场的小亚刚开始工作什么都不顺利：她刚入职，就有两个人辞职，工作量一下子增加了一倍，让她天天加班到晚上九点才能回家，好不容易盼到发工资了，却发现实际收到的工资比当初谈的少了好几千，当小亚气哄哄地去质问老板时，老板说前三个月是试用期，工资发80%，并且是按照税前工资算，去掉税和各种保险，当然剩下这么多！小亚听了这个解释，只能打掉牙吞到肚子里，谁让自己是职场新手呢！肚子里的气无处撒，于是她时常和同事关姐抱怨。

关姐已经工作几年了，她最大的爱好就是养绿植，她的办公桌上养了好多各种各样的绿植，甚至在公共区域，她还自掏腰包搞了一个绿植墙，在工作之余她就流连在这些绿植边。

每当关姐听到小亚的抱怨，就让她帮忙给这些绿植修剪枝叶。小亚便一边絮叨发牢骚，一边拿剪刀剪下绿萝的黄叶子，擦去虎皮兰叶片上的灰尘，在可爱的小多肉里放上一些摆设。

奇怪了，当小亚去照顾这些绿植的时候，抱怨的心思就渐渐淡了下来，绿植的健硕、挺拔和美丽，让小亚的心柔软了下来。

体会到绿植对于自己浮躁心情的奇妙疗效，小亚更爱摆弄这些绿植了，上班第一件事情，就是看有没有需要修剪的叶子，然后用干净的布把叶片上面的灰尘全部擦拭干净。看着一屋子的绿色小可爱，就像逛公园似的，累了烦了就给绿植喷喷水，看露珠在绿萌萌的叶子里滚来滚去，心情就特别好。

作家法勃尔曾说：“人类是一种使思想开花结果的植物，犹如玫瑰树上绽放玫瑰，苹果树上结满苹果。”

你若陷入焦虑，日子便长出浮躁；

你若心态平和，日子便结出温柔。

○ 园艺疗法克服焦虑和抑郁

养绿植，不止让人收获悦目风景，更让人感受到安下心的那份难得的宁静。不仅小亚受益于此，我本人也从养绿植中得到过很好的疗愈。

得知父亲肝癌已经是晚期的时候，我就陷入了巨大的焦虑中，通过各种渠道寻找治疗癌症的方法，去翻阅治疗癌症的书籍，获得对癌症的全新认知；到处寻找得了癌症后转好、能为父亲提供现身说法的人，为了让父亲能建立信心，带着父亲拜访了各种心理疗派的老师，包括中医……晚上的时候，我久久不能入睡，感觉自己在和时间赛跑，在和癌症对抗，医生说父亲只能存活3～6个月了……紧张与不堪重负的压力让我自己的身体也面临着全面崩溃。

这期间我拖着病体到一个学院学习，每天早上，我们有一个固定的环节。老师让我们每个人寻找一棵植物，并用盆养起来，之后的每一天都要对这株植物写观察日志。

虽然我也很精心地照顾这棵植物，但是它却日渐枯萎，最后，叶片全部掉落了。

一天，老师走过来说：“你的植物死了，你再去找一棵新的来吧！”

“它并没有死，虽然没有了叶子，但是它的主枝干还是绿色的呢！”我并不认同老师的看法，没有听老师的建议，依然保留着这株植物，每天还是照常为它写观察日志。

我清楚地知道，这株植物是我对父亲的投射，父亲虽然已是时日不多，但是人的生命力并不是一下子消亡的，就像那还有绿色的主枝干，它是一点点、一点点枯萎的……每天看着绿色逐渐消失的植物，我没有过去那么焦虑了，因为我知道，生命力是顽强的，任何一个生命，没有那么容易倒下的，这让我很欣慰。另外，我的心情由过去与癌症对抗的焦灼，慢慢变成耐心地与它共处，心态也变得平和安定了。

后来，我看到一本《植物的疗愈力量》，原来有一种心理治疗方法叫园艺疗法，这是一种通过植物栽培过程体察生命意义，促进心身整合，克服焦虑与空虚的心理调节方法。大自然拥有不可思议的疗愈力，让人亲自种下一株树苗，或是帮花朵浇浇水，其安定情绪的功效，远大于镇静剂或任何形式的心理治疗。

植物的生长是一个温和而缓慢的过程，可培养忍耐力与注意力，充实生活，消除空虚感。园艺栽培对社会心理也有多方面影响，可树立自信心、防治焦虑抑郁情绪、提高社交能力、增强责任感等。

绿植作为生命的形式之一，会给我们的生命在很深层面以启发。

○ 植物生命的隐喻

海雅听人说幸福花能给人带来幸福，便在阳台养了一盆幸福花，刚开始，小苗非常娇弱，海雅花了很多精力照顾它，浇水施肥，捉虫防晒；过了大半年，幸福花也没长高多少，更没有开花的意思，一副蔫蔫的模样。

海雅好几次想放弃它，最后还是决定再努力看看。

她把幸福花从原来的盆里小心地挖了出来，将根苗放在水里擦洗干净，然后把幸福花栽进新买的花盆里，覆盖上松软的新土。没多久，幸福花就长得特别欢，枝丫上全是绿油油的生命活力。

原来，养花和过日子一样，与其在不尽如人意的环境里死耗，不如换一个新的环境，事情便有转机！

不可否认，一颗小小的绿植，看似普通，但是却对我们的心灵起到很大的积极作用。它不仅可以改善我们的生活环境，给我们疲惫的心灵带来几缕活泼的色彩，还可以通过打造绿色而充满生机的室内空间，打破简单死板的物质空间，给人们带来宁静祥和、清新舒适的生活环境。

养绿植，没什么大道理。不过就是，一点点安静下来，把喧嚣与浮躁关在门外。静静地倾听自己的内心，从抚摸绿叶中，感受到生命的深情。

爱宠，满足你对理想关系的幻想

宠物可以带来快乐，排解寂寞，丰富生活，甚至还可以帮助拓展交际圈，虽然语言不通，但却是主人们不折不扣的心灵伴侣。

阿紫又在朋友圈里晒她猫“女儿”照片了，淘气的小家伙站在树梢上不下来。春天里，丛丛的新绿叶子映着粉红色的晚霞，纯白色的小猫咪，脖子上戴着一个红黑格子的蝴蝶结，“别玩了，妈妈叫你回家吃饭”是阿紫的配文，诗情画意的图文和浓郁的亲情氛围让人浮想联翩。阿紫是个单亲妈妈，儿子又在国外读书，平日里只有这只小猫陪伴着她，但看她天天与猫的有趣互动，感觉她的生活还是很有情调的。

晚上出门散步的时候，一个妈妈骑着电动车，焦急地喊着“可乐乐，可乐乐！”不一会儿，一个小男孩骑着自己的小山地自行车也在喊着这个名字，后来一打听，果然，可乐乐是她家的泰迪狗，脖子上戴着一个闪光的铃铛，今天不幸走丢。“这个小狗是孩子从姥姥家好不容易要来的，我很担心给孩子心理留下阴影。”这个妈妈说完就继续去寻找了。

看得出，爱宠已经成为了他们重要的家庭成员，以猫狗为代表的宠物，已经是许多人生命中不可或缺的陪伴。对于主人来说，宠物可以带来快乐，排解寂寞，丰富生活，甚至还可以帮助拓展交际圈，虽然语言不通，但却是主人们不折不扣的心灵伴侣。这些宠物带给人们简单而纯粹的爱，是弥足珍贵的，有的甚至可以超越人与人之间的情感，可以满足人对理想关系的幻想。

○ 无条件接纳

15岁的小柯很少和父母说话，每天只是和家里的狗狗热络。小柯的妈妈想到过去那么依赖自己的孩子，如今渐行渐远，远得自己都有些够不着了，心里难免有一丝失落。在一次培训课上，小柯和几个同学讨论与父母相处的问题，小柯说：“相比父母，我更喜欢和狗在一起，因为狗不会对你有那么多的期待，那么多的唠叨，那么多的指责，那么多的评判，它也试图给你讲那么多的道理，在我心情不好的时候，它就能感应到，然后什么都不说，紧紧挨着我，就像它在安慰我，我觉得，这样的一份爱就够了，或者说这样的一份爱刚刚好。”

心理学家泰瑞·赖特（Teri Wright）说：“你的宠物给你的爱是无条件的，它们陪伴在你身边，你不用担心伤害它的感情，也不会接受到它的恼人建议。而这些，恰恰是‘人’会对你做的。”

当一个人对你表达喜爱之情时，其背后的寓意其实是有点复杂的，因为这份情感可能包含了期待与盼望。但是，和动物在一起就不一样了。你们之间的互动是不用考虑后果的，没有危机性与复杂性的存在。如果你正处于一个困难时期，那这种关系就更是一份宝藏了。

看看那些由狗作为主角的电影：《导盲犬小Q》《女王的柯基》《一只狗的使命》，还有《忠犬八公》……随便拎一部出来，我们都会因狗对人的爱而感动，狗不会说话，对主人的爱也很纯粹——没有条件、没有计较、没有伤害、没有算计、没有比较。

捷克大作家米兰·昆德拉也曾说过：“狗是我们与天堂的联结。它们不懂何为邪恶、嫉妒、不满。”想象一下，在美丽的黄昏，和狗儿并肩坐在河边，放眼夕阳，静静看着熙熙攘攘的人流穿梭而过，真有如重回伊甸园，即使什么事也不做也不觉得无聊，只有幸福、平和之感涌上心头。

○ 安全、忠诚、轻松愉快的关系

“如果你在这个勾心斗角的社会里需要一个朋友，那就养条狗好了。”这是美国总统布什说的一句话。虽然这句话说得有点绝对，但宠物能够给予他人所不能给予的爱却是不争的事实。它们不在乎主人的英明或愚蠢，不在乎主人的高贵与低贱，它们会一直死心塌地地追随在主人左右。

对爱情丧失了热情的乔娜说：“我换了一个又一个男朋友，最终爱上的那个，又嫌弃我过去交往的人太多，永远留在我身边不离不弃的，只有我的那条狗。不管我是怎样的人，不论我的脾气好还是坏，它总能默默地陪在我身旁。”

人是需要生活在关系中的动物，通过不断制造关系，才能在关系中定位自己，获得满足，因此，我们需要交朋友、谈恋爱、结婚生子。可是我们发现，想拥有一段对自己绝对忠诚、永远不离不弃的理想关系，太难了。

小柯的妈妈之所以失落，是因为当孩子小的时候，需要父母的照顾，百分百地依赖着父母，也百分百地爱着父母。但是，等孩子长大成熟，发展出完善的自我时，就会与父母渐行渐远，去建立属于自己的新关系，父母的爱总要指向分离，这是作为父母迟早要面临的境遇。

我们需要被小宝宝依恋那样的感受来获得满足，也需要这样的关系不会随着时光而淡化，那宠物就会满足我们这样的心理需求。老年人养狗，多半是因为狗填补了子女成长离开后留下的心理空白。

○ 治愈受伤的心灵

米亚掌管着一个上千人员工的公司，集财富与权力于一身，可以说是事业有成。但是，只要一想到家里的女儿，她的心就会隐隐作痛。米亚的女儿因为受到同学的欺凌，已经放弃了国外的学校，如今躲在家里不肯出门，已经两个月了。米亚虽然心急如焚，但是却感觉一点都帮不上女儿的忙。后来米亚求助心理咨询师，根据米亚提供的女儿的喜好，心理咨询师建议她给女儿养一条狗。

米亚的女儿从小就喜欢小狗，可是米亚嫌养动物不卫生，也没有精力照顾，所以一直未能让女儿如愿。如今她把小狗带回家，小家伙也仿佛和女儿有一种天然的链接，既不怕生，还主动拿自己毛茸茸的脑门去蹭女儿的腿，女儿一把抱起这个小家伙，脸上露出了久违的笑容。看来，这个小动物真的会给女儿带来快乐和改变，米亚也终于松了一口气。

无论是研究还是实践都证明，动物对人类有着巨大的疗愈作用。一方面，动物可以成为人类最亲密的宠物与朋友，另一方面，他们对人类的精神乃至生理健康有着巨大的积极意义。

在国外，有用经过专门训练过的狗来为人们做心理治疗，英文里有一个对应的词汇叫做“Therapy Animals”，直译过来是：有治疗作用的动物。

美国的一起校园枪击案造成20个小孩与6名校职工死亡。这起案件给当时在场的其他孩子们造成了巨大的心理创伤，许多小孩因恐惧而短暂地丧失了交流能力。后来，一支专业的心理服务团队进入校园，他们带来了9只经过专业训练的拉布拉多犬，帮助孩子们度过精神危机。心理服务人员让孩子们围坐在地板上，拥抱或抚摸身边的拉布拉多犬，慢慢地讨论案发时他们的恐惧，以及失去小伙伴们的悲伤。这里面，即使是最不愿开口说话的小姑娘，最后也终于愿意倾吐心声了。

这些拉布拉多犬，就是专业的“Comfort Dog”(安慰犬)，这些动物有时候比人更能抚慰受伤的心灵。

○ 永远的关系财富

有过养宠物经历的孩子都是幸福的，当他们长大后，会拥有一段珍贵的回忆，这和与某一个人共同拥有一段亲密的关系是没有差别的，都会成为人一生的情感财富。

一次在回忆童年的宠物时，有人说在姥姥家时养的一只大鹅，整天嘎嘎嘎围着她转，那是她最甜蜜的回忆；有人说他曾养的小猫晚上钻他的被窝，毛茸茸地贴着他，是他最难忘的触感体验。而最酷的要属萱萱，她的宠物竟然是蚂蚁！

以下是萱萱感人的回忆。

记得养蚂蚁的那年我只有10岁。我很希望拥有一只小猫或小狗做宠物，可一直遭到父母的坚决反对。有一天我在花园里正在为了一只可爱的小猫不能成为我的宠物而暗自伤心，忽然发现地上有一群蚂蚁正紧张地爬来爬去，看样子，是要下雨了，它们正准备着向有利地势搬家。看着这些蚂蚁，我心里忽生出一计，于是，我拦路劫持了一整支队伍，装在瓶子里。

我喂它们的办法是，打开瓶盖，扔一小块水果下去，看它们迅速把食物包围起来，一点一点蚕食掉。我喜欢在上课时偷偷拿出小瓶，放在课桌里独自欣赏：它们像一股流动的沙在透明的玻璃瓶里上下起伏，有时又像一阵装在瓶子里的小小龙卷风！

有时候我会找个安静的地方，认真地观察这些蚂蚁，感觉瓶子里的它们就是一个完整的世界，它们在这个拥挤的世界里喜怒哀乐，而我自己却像是个完全多余的人。

虽然养蚂蚁很酷，但没人能体会一个小女孩每天抱着蚂蚁瓶东躲西藏的滋味，也不能理解当不小心把瓶子打翻在地时那种绝望的心情，尽管我飞速蹲下身想捡起来，可是我的蚂蚁们早已损失大半，那一刻算是刻骨铭心地体会到什么叫“覆水难收”。另外，我还要时时提防妈妈，她永远是我宠物的“克星”。

有一次，我在家里又一次不小心打翻了瓶子，而我的蚂蚁们迅速地逃离了瓶子，只剩下几个反应慢的没有爬出来，我慌忙收起瓶子，眼泪就要流出来了。这时候我忽然想到蚂蚁喜欢吃甜的东西，我就在一个角落里放一撮白糖，躲在一边守株待兔。不一会儿，几只蚂蚁就被吸引过来了！我高兴地叫起来，我知道我又能拥有它们了！

一个多月后，它们便慢慢被我收回了瓶子里。事实上，半年后仍不断有星星点点的“散兵”跑来投靠。

我的宠物故事结束在一个有着灿烂阳光的午后。因为阳光好，所以妈妈决定在那天洗衣服。她哼着歌，掏着我外套口袋里的东西。我当时正在房间里写作业，突然听见了很熟悉的尖叫声！

我已经预感到了大事不妙，可是当我冲到妈妈身边，发现装蚂蚁的瓶子早已经不见了踪影。此后，我苦苦寻找了很长时间，都没有结果。但愿妈妈将它们连带瓶子扔出去的时候，瓶子被砸碎，让我那些亲爱的蚂蚁们回到广阔的世界……

从那以后，每当我看见沙漏的时候就会想起我的蚂蚁宠物们，以及它们在瓶子里掀起的一阵阵黑色的小旋风，那是我童年最特别的回忆……

爽透身心的家庭SPA

在浴缸的热水中倒入牛奶，撒上红色的玫瑰花瓣，再滴入几滴沁人心脾的芳香精油，让最喜欢的音乐在手机中悠扬响起，然后就泡在浴缸里，闭上眼睛，身心放松，享受属于自己的舒爽时光。

带着一身疲劳和压力的你，请来到浴室，卸掉所有的负担和面具，享受一场爽透身心的家庭SPA。

在热腾腾的水中，闭上眼睛，温热的水浸泡着你的身体，也过滤着你的思绪。所有的劳顿和烦恼就这样慢慢渗出你的大脑。在缭绕的热气中，你的脸渐渐变红，心情也逐渐舒畅了。等你从浴室中走出，展现给家人的是一个清新舒爽，朝气蓬勃的你。

这就是沐浴带给我们身心的改变。

凡凡放松自己的方式，正是如此。虽然凡凡有繁忙的工作，还有一个总要妈妈陪着玩的三岁宝宝，但是，她一定会抽出一点时间来，专门让自己独享，若没有这么一小段自己的时间，她感觉无力应对工作和生活上那么多的“鸡零狗碎”，沐浴，是她秘密的身心疗愈法，让她在短短的时间内，感觉自己像一个王后，在水的温柔抚慰、热度的烘托和香味的环绕中，暂时忘记现实中的一切，让灵魂进入一个备受尊崇的时空。这时能量会渐渐在内心升起，沐浴不仅完成了一个疗愈的过程，也完成了一次能量的补给。

○ 牛奶浴

如果你经常失眠多梦，那不妨来试试牛奶浴。喝牛奶能促进睡眠安稳。泡牛奶浴可使身心放松，加之牛奶的香味能安定自律神经，可发挥促进熟睡之作用。

将一袋牛奶倒入温水中，入浴10分钟，你可能会感觉到皮肤收紧时产生的轻微的针刺感觉。牛奶的吸附作用，可将毛孔的异物排出体外。“牛奶”系列的沐浴、化妆品之所以很受欢迎，就是因为这些产品取自天然，性质温和，没有刺激，即使敏感性皮肤和婴孩的幼嫩肌肤都适合使用。牛奶护肤品可以增加肌肤的柔滑感，令肌肤恢复弹性，防止细纹形成，还具有疗疾作用。

牛奶浴有美容效果，这主要是因为牛奶含有丰富的乳脂肪与维他命、矿物质，所以具有天然的保湿效果，不但给予肌肤营养，更能使肌肤更年轻、光滑细致。加入牛奶后的洗澡水将变得非常柔和。牛奶所含的酵素成分，能达到消炎、消肿与舒缓皮肤的功效，因此，肌肤若出现因日晒而产生的红肿，可利用牛奶来进行修护。此外，牛奶浴在治疗多汗症方面也具有相当良好的功效，而且还能改善躁郁、失眠等症状。

一般在入秋后，很多人都会感觉皮肤干燥，这是因皮肤细胞间脂质不足造成的，而牛奶的滋润成分就是润泽干涸肌肤的“极品”，因此，牛奶浴以及牛奶护肤品更适用于秋季。

牛奶浴的方法很简单。先准备一杯全脂牛奶（300–400毫升），待浴盆中热水注好后，加入这杯牛奶，在水中搅拌均匀即可，一般情况下，水可稍热，以使牛奶与水充分混合，有利于起效。待水温适宜时，就可以进盆。这种洗浴保健方法，可每周洗2～3次，也可天天进行。长期使用，会使皮肤细嫩洁白，柔滑如羊脂。

○ 酒浴

酒浴这种方法，其实已有了相当长的历史了。据古书记载，唐朝美女杨贵妃经常用酒浴美肤健体，净化肌肤，净化体内。在甘醇美酒的浸润下，她肤若凝脂，愈发出众。酒浴在国外早已盛行过。十九世纪，欧洲流行洗葡萄酒浴，男子结婚前都要进一次这样的沐浴。拿破仑时代威斯特伐里亚的国王，甚至因为洗莱茵酒浴而闻名。

当你浸入酒浴水中，用手掌稍微抚摸身体，会发现手掌接触身体表面，既舒服又平滑，和洗温泉的感受相同。酒浴可使身心得到温暖，因此，对那些有手脚冰冷情况的朋友特别有效。酒浴的这种功效，不仅是由本来浴水温度的作用，而是再加上酒气的作用，使得气血变得流通。酒浴的水温不必太高，时间也不需太长，就能使人长时间保持良好的血气循环。

酒浴不但对治疗疾病有很大的效果，而且能使健康的人精力更加充沛，同时还可以预防生病。尤其对于女性来说，更可以发挥惊人的美容效果。因酒类不同，其用来保健、治疗的浴水的作用也就不同。比如：白酒浴可除去风邪，美白皮肤，祛除黑斑、雀斑；糯米酒浴可健胃消食；红葡萄酒浴可增加女性性生活的愉悦感；啤酒浴能减少皮肤皱纹；山楂酒浴则对痛经有较好的疗效，等等。除此之外，酒浴如果再配有各种中药来进行调剂，其作用又会各有特色。

在各种酒浴中，最浪漫的当属用葡萄酒来沐浴。

您也许只在餐桌和吧台前对葡萄酒情有独钟，其实它是名副其实的“出浴美人”的得力助手。葡萄酒又叫红酒、干红，是由红、紫、黑葡萄酿制而成的，含有丰富的矿物质，如磷、钙、铁、镁、铜等，抗氧化的多酚，预防动脉硬化、心脏病、中风，在改善冷虚症、睡眠情况等方面技高一筹。准备一个浪漫的葡萄浴并不难，你只要将浴缸中的水温调到比体温高2~3度，倒入红葡萄酒3~4杯，搅拌均匀。视自己的身体状况，浸泡不同的时间。

烛光摇曳，斛筹交错，您是否也想徜徉在高贵的葡萄酒浴中，悠闲自得地享受通体舒畅的美浴带来的“醉人”逍遥呢？

仪式感，将粗糙的生活雕琢精致

当那些特别的日子、特别的时刻被我们在时间的长河中用手掠起，生活因为不同的节奏感而呈现出波澜起伏抑或婉转悠长的节奏时，沉浸在其中的我们，就成了生活的艺术家。

一个女孩在网上问：我马上领证了，但是男朋友不想办婚礼，他认为又累又费钱，自己像是被别人耍的猴子。虽然女孩自己也觉得很讨厌那些繁琐的接亲流程、铺张的结婚宴会、婚礼上的刻意煽情、餐桌上不熟悉的人互相尴尬地对话。但是，如果不办婚礼，似乎又缺少了些仪式感。

婚礼可以不必千篇一律走固定的流程，如果一场仪式，只是为了营造气氛而存在，那仪式也只是浮于表面的炫耀而已。但是这并不等于婚礼的“仪式感”没有存在的必要。否则，多年后回忆起你们的婚姻生活，有什么闪光点值得让你念念不忘？如果没有重要的高光时刻，渐渐的，生活就变成了这个样子：一家人拿着不同的碗碟对着电视机吃饭，没有了交流，为了忙碌的生活和工作，就早没有了值得纪念的日子，忘记生日、忽略节日、淡漠亲情、应付友情。

仪式感是在提醒我们：生活要认真一点儿，粗糙而潦草的生活就会造就粗鄙和无序的自己。

仪式感为每一个普通的日子和行为标定了它背后的精神内涵。比如婚礼所想要传达的是：你对我来说是不一样的存在，所以我要用这种方式来表达你的特别。这是一种爱的表达，更重要的是尊重。

难道你愿意把精美的菜肴放在一个丑陋的盘子里给爱人吃吗？如果你们的爱情是那道菜肴，婚礼仪式就如同盘子，再美好的爱情都需要形式来承载和见证。

我们的生活是需要仪式感的。法国经典童话《小王子》里，有一段描述阐述了仪式感的意义，非常经典。

“你每天最好在相同的时间来，”狐狸说，“比如说你定在下午四点来，那么到了三点我就会开始很高兴。时间越是接近，我就越高兴。等到四点，我会很焦躁，坐立不安；我已经发现了幸福的代价。但如果你每天在不同的时间来，我就不知道该在什么时候开始期待你的到来……我们需要仪式。”

“仪式是什么？”小王子说。

“这也是经常被遗忘的事情，”狐狸说，“它使得某个日子区别于其他日子，某个时刻不同于其他时刻。”

你越用心，生活回报你的就越多。

○ 别放弃做一个有趣的人

《唐顿庄园》里有这样一句话："你厌倦了格调，也就厌倦了生活。"《唐顿庄园》里的小姐少爷们每日吃饭都会特意更换正装，或许你觉得这太麻烦又不实用，但这代表庄重地对待生活。奥黛丽·赫本主演的经典影片《蒂凡尼的早餐》里，其饰演的霍莉会穿着黑色小礼服，戴着假珠宝，在蒂凡尼精美的橱窗前，慢慢地将早餐吃完。面包与热咖啡，仿佛变成了盛宴。

这样的格调，就是仪式感。仪式感的重要意义在于用庄重认真的态度去对待生活里看似毫无乐趣可言的事情。你可以在匆忙的上班路上一边疾走一边大嚼着煎饼，煎饼的碎屑纷纷掉落在你行走的路上，手里的牛奶可能还会撞洒在挤地铁时对面人的衬衫上；或者你也可以早起半个小时，放上你最爱的轻音乐，在厨房制作一份精美的早餐，然后在充满香味的房间里细嚼慢咽，享受你精致的早晨。如果没有这种仪式感，如果没有我们人为创设生活的氛围，人生就像干巴巴的沙漠了，而仪式感的调剂，就是滋润我们心田的绿洲。

在餐桌上铺一块你喜欢的桌布，放一束你钟意的鲜花，放一首你爱听的曲子。我们即使不是贵族，但是打造一个用餐的氛围并不难。在日常的柴米油盐中，一样可以诗意地生活。有时候，我们内心的力量需要外在的形式去强化，就像你穿着感觉非常棒的衣服带给你的自信是一样的。

○ 你如何对待世界，就会拥有怎样的世界

当有别人的时候，我们可能会考虑别人的感受，可是独自生活时，我们失去了对他人的顾虑，就很有可能变得肆无忌惮起来。在2020年，全球新冠疫情肆虐期间，很多人被隔离在家里，因此我看到一些朋友圈这样描述：一天天在家，脸都不用洗了，化妆品节省了；一天到晚穿着睡衣，衣服也省了；头发长就长了，没型也无所谓，反正没有社交；孩子们睡到中午才起，刚想发火，想想还省了一顿早饭；日常生活内容的主体：因为学习骂孩子，因为老看手机骂老公，之后又是骂孩子、骂老公……

如此蓬头垢面、节律混乱、情绪烦躁地生活，怪不得疫情之后民政局的离婚预约爆满，而究其原因，是我们对自己的生活不够认真。

雅丽是我认识的人中，对待生活最认真的，也是我特别喜欢的朋友。在每餐吃饭时，雅丽会给不在家的丈夫和孩子留出他们专属的位子，虽然他们爷俩因为工作和学习的缘故长期不在家，但是雅丽用这种仪式感表达对他们的想念和对他们的尊重。

即使出门买菜，平日里喜欢着正装的雅丽也会换上一套运动装，“因为这样的一套衣服看起来比较适合讲价”；而在下雪天，雅丽必然会穿上红色的大衣，“因为这和白色会形成强烈的反差”；在大风天，她则一定会穿上能随风飘扬的裙装，“仙儿”得很。

“我注意与环境的和谐搭配，并通过环境来衬托自己的美。我只

是取悦我自己，我乐在其中，别人难解其味。”

是啊，有趣和优雅是一种选择，当然也可以选择无聊和邋遢，但是我们对世界的态度决定了我们会拥有怎样的世界。

○ 婚姻需要仪式感来保鲜

据调查发现：生育后的三年，是夫妻二人对婚姻满意度普遍最低的时期，有些妻子说，有宝宝之前两个人过着悠闲的二人世界，一切都还好，可是有了宝宝，生活就过成了“一地鸡毛”，如果再兼顾职场，哪里有功夫去搞什么仪式感。

先生下班回来，进门时道一句：“回来了！辛苦了！”或者从家离开时，双方来一个大大的拥抱，睡前，互相亲吻一下，互道今夜好梦……这些事，并不费时费力！不要小看这生活中的小细节，这就是最简单，却又能给我们情感保鲜的仪式感！

我们可以来借鉴一下其他夫妻的做法。某演员曾送给妻子一个别出心裁的生日礼物，在9月26日9:26分，他在微博上送上了自己最用心的祝福。一般人都是凌晨准时给别人送上生日祝福，但他别出心裁，不仅在对应9月26日的9:26分发出，而且九张图分别是不同月份的9:26分的手机截图。也就是说，从一月份到九月份，他都会在某一天的9:26分想起妻子来。这个特别的礼物至少可以证明此刻的真心和用心。

生活中的小小仪式感在于我们的用心：出门前给房间喷洒一些香水，美妙的芳香会给回来后的自己或家人一份美好的心情；买一套情侣装或者配套的服装，一起与另一半外出，哪怕只是一起走一段上班的路；每天保持美好的妆容和服饰，不将就、不邋遢，以美丽的姿态面对爱人……每个仪式感需求的背后，实际上都深藏着一份爱的表达。

断舍离：让家空灵又轻盈

我们在生活当中，经常通过获取、占有来获得某种安全感和满足感，其实，我们的生活中充满了垃圾，那些我们并不需要的衣服，本应该扔掉的物品，还有情感生活中受到的那些伤害，那些该断掉的，该舍弃的，就让它离开吧！

有一天，邻居萍萍在电梯遇见我，向我抱怨最近与老公发生了争吵，“只不过是买点东西爱一下自己嘛！”下了电梯，她继续倒她的苦水，听来听去，我明白了：萍萍爱购物，快递小哥们天天排队给她送货，满屋子的战利品却让萍萍老公头疼，他的私人办公桌旁，本就不大的私人体育用品间，如今都成了萍萍临时的或者可能永久的库存地。两人常常因为生活空间的混乱问题而争吵，尤其萍萍的化妆品、衣柜和鞋柜的占用比例，让她的老公感觉失去了自我的空间，再也没有刚刚入住时的那份简单、整洁和优雅的心境了。

这种空间繁杂混乱带来的心情，不仅身处其中的人会有感受，局外人会有更深的体会。我的一个朋友本来是个很爱整洁的人，刚来北京打拼时，她和男友租住在一个十几平的平房里，整个房间一尘不染，物品整整齐齐，素雅的浅绿色床单飘散出一股淡淡的清香味。后来，男友变成了老公，他们也买了大房子，可是，几年后我再去她家时，却看到落地阳台上堆满了纸箱，茶几和沙发上摆满了杂物，她要现收拾，才能腾出一个我能坐的地方。看到这样的变化，我的心不由一阵酸疼。都说家是一个人心灵的写照，是内心的对外投射，年轻时那样简单而美好的心灵何时变得如此凌乱而颓丧？

从这个朋友家回来，我便开始收拾自己的家，翻出来图便宜买的从来不穿着的服装，中看不中用的夹脚鞋子，一堆堆的门票和工作出入证，从来未使用的眼镜清洁剂……能送人的送人，能捐赠的捐赠，感觉别人还有可能用上的，就装在干净袋子里放在楼下垃圾桶的旁边，剩下的则全部倒进垃圾箱。收拾完之后，内心不由得发出一阵感叹：其实，人真正需要的东西没有那么多！

最让我纠结的是这么多年一直跟着我的箱子，里面都是我过去的日记、信件以及上学时与朋友传递的纸条。那里有我最绚烂的情感、最深的伤痛、最美的追忆……虽然最近几年参加过初中、高中同学聚会，已经感觉物是人非，可是这些过去的情感见证，依然是不舍得丢掉，不管搬家到哪里，我都带着它。对情感做减法，真的要比扔物品艰难得多……

一个人的午后，我再次翻出这些物品，将它们再次分类整理，将实在舍不得的放一边，将可以舍弃的放另一边，渐渐地，过去不想舍弃的现在可以了，而我也再次重温了那些美好的情感：初恋第一次送的礼物；暑假里好友因为太想念而邮寄给我的信；有一次肚子疼，同桌写给我的关怀纸条；还有好多男生写的信，现在读懂了，那分明就是赤裸裸的表白啊，很多人我都没印象了，既然没印象了就丢掉！这样重新整理下来，很多过去就不曾上心的故事就此袅袅而去，过去让自己疼得死去活来的人，现在想起来，也只是微微一笑，时间果然是良医……

生活中对于那些自己并不需要的东西，不买、不收；处理掉我们生活中堆放在家里的那些没有用的东西；远离对物质的迷恋，舍弃对物品的执著，让自己处于宽敞舒适，自由自在的空间。这就是“断舍离”理论。

○ “断舍离”的核心

“断舍离”的核心是：关注自我、关注现在。也就是说，在我们选择物品时，不应考虑它“能不能用”，而是“我能不能用得上”；在我们整理物品时，不要因“它曾经辉煌过”而难以抽离，也不要因“有朝一日也许能用上它”而难以舍弃，应活在当下，问自己是否真的需要它。“断舍离”的本质就是，从行动出发改变心灵，帮助你在“自己和物品”之间做出更好的抉择。

如果对你而言，你所居住的空间并不是一个能让你感到宽心、愉快且内心得到疗愈的地方，也许你的家就真的需要整理了。你可以试着在一个周末，让”断舍离“与一个崭新的你相遇。

面对堆积如山的物品，我们再次逐一整理、选择，然后舍弃。这是最难的一步，对于曾耗费过时间与心血的物品，我们往往会舍不得丢弃它们。

一是因为我们逃避现实，害怕麻烦，房间太乱不知该如何下手，有拖延症，也不想面对烦心事；二是因于我们执著于过去，也许这些东西曾带给过我们温暖或悲伤的回忆，让我们一直铭记于心，反复消耗我们的能量，这也是另一种形式的逃避现实；三是因为我们担忧未来，担心未来可能会存在的不安因素，“会不会有一天我还会需要用到它？”

其实，人生就是减法，我们每天都在与昨天告别，而那些最后留下来的才是真正值得你珍惜的。舍弃那些多余的“物品”，摆脱生活带给我们的那些过多的限制与制约，“美就是净化过剩的过程”。

生活就是这样，想要过得美，就得学会删繁就简。让我们的内心摆脱重负，能以轻松的态度进行取舍。把更多有限的精力专注在自己真正喜欢的事物上，和自己喜欢的人、事、物在一起。

○ “断舍离”的执行策略

当然，家是我们与家人共处的空间，在做“断舍离”时，一定要充分考虑家人的感受。我有几个方面的建议可供参考：

○ 梳理原则

1. 按照房间，一间间收拾。
2. 根据类别把物品分别进行铺陈，然后根据内心真正对这个物品的喜好来决定留下还是处理。只留下发自肺腑喜欢的东西。

3. 同品类有相同的东西，只留下一样。

4. 最大的工程是衣物的整理，处理掉不喜欢的、掉色的、廉价的、过时的、设计太过奇怪没法搭配的、很久都没再穿过的。

○ 整理时应考虑各自需求

整理时不应只考虑自己，还要考虑家人。要让家人对家也有同样的归属感，让对方觉得自己在家里是被重视、被关心的。通常，我们与另一半的收纳空间，往往能折射出我们与另一半的关系。

当我们打开自己和伴侣共同的衣柜时，会不会发现我们的衣服就占了衣柜的80%，而给对方只留了20%的空间。你是否还会用自己的衣物，强占对方为数不多的收纳空间？再比如，你的另一半个子很高，你是会把他的衣服放在衣柜里他最方便的中上层呢，还是把最方便的位置留给自己？

○ 在生活习惯上求同存异

家庭生活是由日常生活中琐碎的小事构成的。你喜欢干净整洁、摆放有序，对方却生性随意、大大咧咧；你挤牙膏喜欢从下往上，对方却喜欢拿住就捏；你喜欢内衣袜子分开放，对方却见缝插针、神经大条……无论你说多少遍，对方似乎总记不住，最后弄到你崩溃，对方也抓狂。

我们在给家庭空间“动手术”前，要记得家的基本功能。家是我们温馨的港湾，在这里我们能感受到彼此间的爱和温暖，它能给我们最大的包容与宽容。在家里，我们的身心可以得到最大的放松和最大的自由。不要因为“断舍离”限制了家人的自由，也因此，来自爱人的一些随意性的行为，如随意往沙发上扔外套，往餐桌上扔公文包之类的事情，应做适当隐忍，学会慢慢调节。

○ 断舍离在本质上是一场心理重建

断舍离的道路上，最大的挑战不是协调与家人的关系，而是应对自己的心魔——对持有的本能渴望，人天性里的惰性与贪婪。因此，完不成心理上的重建，就无法做到真正的断舍离，你会一次次地被追求持有的欲望和本能所捆绑，在便捷的拥有面前，轻易缴械投降。行为上和心理上的巨大惯性仍然会把你打回原形。因此，我们需要定期通过审视物品，从而反省自己的行为，不时读一读极简主义的书籍，喝好足够的“鸡汤”，保持断舍离的行动力。

这是一个漫长的博弈过程。坚持了几十年的思维模式和行为习惯，这种岁月铸就的坚固的壁垒岂是朝夕之间就可以攻破的？所以在这个过程中有反复非常正常，符合人的天性。

持之以恒没有想象中那么轻松和简单。但只要一直在努力，就会一直有成长。

疫情下，奏响爱的协奏曲

人生就是这样，顺风顺水时，可能满眼烟云一波惆怅，但真正乌云密布的日子翻卷而来时，我们才得以窥见自己那颗傲慢、懒散的心，开始重温昨日美好时光，才会重新抱紧内心冰凉的爱人。

协奏曲一词来源于16世纪的意大利语concertare，意为“协调一致”，我觉得“协奏曲”用来比喻男女两人不断的协调以达到最终的一致，这一点尤为生动、贴切、有趣。

更值得咀嚼的是，疫情的突然发生，带有一种无法预知的恐惧，令很多人的内在性情在这个期间发生着微妙的变化，尤其是婚姻情感中，这种极为敏感且复杂的两性关系，让这一变化更耐人寻味。

有了这个特殊的时间背景，当事人终于有了契机去思考两人未来的路究竟如何去走。这条共同成长的路，有时需要等待才能同行；有时需要歇一口气，才意识到原来走错了路；有时安静下来才发现，自己本来就在最好的风景里，根本不需要匆匆赶路。

○ 善良与爱

大鑫和小妮是一对打工者。大鑫在当地一家建筑工地找了一份搬运工的工作，小妮则在处理好家务之余，到附近找点零活贴补家用。要说起来，小妮和大鑫也算是患难夫妻，唯一的孩子放在老家让老母亲照顾着。

2020年的春节，因为没有买到回乡的车票，小两口决定过了春节再回家。晚上八点，小妮开始准备做饭。为了省钱，他们连空调、电暖气等设施都省掉了，小妮哈着热气给手取暖，然后打了两个鸡蛋，用筷子在碗中搅拌。

“咚咚咚！”平房的门突然响了起来。

小妮赶紧放下碗筷，打开门一看，门外站着一个冻僵了的老头，手里还提着一篮子鸡蛋。那双冻得通红的大手礼貌地把帽檐往上抬了抬，露出了一双有些浑浊的眼睛。看得出来，这位老人已经很疲惫了。

“您需要买点鸡蛋吗？”老人的目光扫到了小妮身穿的又旧又单薄的棉袄上面，神情黯淡了不少。

小妮没想到老人会这样问，一时间语塞，大鑫或许是听到了他们的谈话，快速地从里屋走了出来，对老人热情地说：“当然要啊，我们正需要买鸡蛋呢！快请进！”

老人浑浊的眼睛瞬间闪过一丝明亮，激动得不知道该走还是该留。最终，在大鑫的邀请下，老人才迈进大鑫的家。

老人说："我也是不得已，孙子的爸妈在武汉打工，现在疫情原因封城出不来了，老伴头年去世，家里只剩下我一个人了。这么冷的天，想给孙子买个棉袄，但是钱不够。"老人边说边使劲地搓着手，看得出来，他很拘谨。

小妮看着大鑫的表情，马上明白了丈夫的意思。可是，自己也舍不得买件棉袄，哪有钱再帮助别人？再看看丈夫，已经拿出了一百元钱！

这些鸡蛋也就值十元呀！小妮心里这样想，何况自己的孩子在家里比老人的孙子也强不到哪里去啊。

看到丈夫坚持，小妮最终没有阻拦。

丈夫送走老人，抱住了小妮，他看得出来老婆有些心疼。他温柔地说："在这个世界上，穷人更能理解穷人的痛苦。假如今天是我站在别人家门口，你也一定希望那家人是善良的。虽然穷，但只要我们心存善念，老天会眷顾我们的！"

小妮定神地看着丈夫，想想当年正是因为丈夫的善良才爱上他的，她笑着说道："好吧，虽然有些心疼，但是你说的话让我觉得很有道理，正是因为有你这样的人，我才觉得日子不苦！"她轻轻关上了门，将刚刚买来的鸡蛋又拿出来一只，然后轻轻磕碰一下碗口，黄色的蛋液随之滚了出来，如同溢出来的那份爱与温暖。

○ 爱，一直都在

母亲摔了一跤，尽管没有大碍，但还是短期不能自理，作为独生女，她渴望第一时间飞到父母身边。但是母亲所在的社区因为疫情原因被封闭管理，外来人员一律不得入内，这让她不知如何是好。

也许是因为母亲的病，也许是长期积压的怨恨，她和丈夫吵架了。她嚷嚷道："当初我嫁给你，是想让你给我好的生活，可是这还没一年，你就让我体会到了痛苦！你不懂我，也不愿意来讨好我！我想，还是让我们的婚姻休息一阵吧！"

她计划飞到母亲家周边的宾馆，进行登记和隔离，同时等待母亲的社区解禁，这总比无限期的等待要好。

丈夫静静地把她送到机场，给了她一个简单的拥抱，没有什么安慰的话，也没有过多的表情。她真的愤怒了，在她最烦心的时候，丈夫居然是这副状态！他让她十分失望。

她强忍着泪水踏上了回家的路程，然后按照计划登记、隔离。三周后，母亲的社区也解除了管制措施，她终于看到了一直躺在床上的母亲。

幸好母亲的病情并不是很严重，这让她稍微有了一丝安慰。母亲询问她的婚姻情况，她觉得自己感觉不到爱，觉得自己有些委屈。

丈夫偶尔会发来短信，但大部分都是在询问母亲的病情，或者汇报自己最近的工作状况。她刚开始还希望丈夫会说些甜蜜的话语，可是时间久了，她也就麻木了。原来，丈夫真的不关心自己，她默默地把短信全部删除了。

两个月之后，母亲的病彻底好了，她又飞回了那个让她伤心的地方。她远远地就看见丈夫站在汽车前向她招手。她却失望地想："他为什么不准备一束花？"接着她就发现丈夫手里拿着一个纸盒，她尽量让自己保持淡定。

“亲爱的，你可算回来了！”他出乎意料地在她的脸颊上刻上一吻，她的脸颊立刻荡漾起一片绯红。他对她解释道，自己笨嘴拙舌不会说话，只是在想起她的时候就写信，里面还有两张电影票。

她惊喜地接过纸盒，发现里面放满了信纸，电影票上正是她一直想要看的电影。她激动得说不出话来，只知道自己的眼泪不听话地流了出来。

原来，爱，一直都在。

○ 培育爱情花园

电话打来的时候，他还在开会，那是个不好的消息——他的妻子疑似新冠病毒密切接触者，这意味着她需要很长一段时间的隔离和反复检测才能最终排除。

时间忽然紧张起来，连空气也格外凝重，往日的重重承诺开始像不声不响的巴掌，一下下打在他的脸上，愧疚感瞬间占满了他的大脑。他开始胡思乱想，担心妻子一旦有个三长两短，或者，哪怕忽然一段时间不能见面，这也超出了他的意外，尽管，即使每天见面也似乎没有那么多的儿女情长。

事实上，在这之前，她已经提出了离婚，但在他看来，那只是她丰衣足食后的一种撒娇和任性，等有了孩子后，就会好的。

其实，她一直惦记那座美丽的花园，而他却总是记得自己的成就。就连她生病了，也是在他开完会之后才跑来看她。这么多年，她都是一个人过日子，也不需要他一定在身边。所以她选择了离婚。

一个月后，妻子平安，但他却熬出了半头白发。妻子看了他一眼，内心一惊。

他看着疲倦的妻子，想忏悔。他祈求妻子的原谅，妻子沉默不语。

思来想去，他们决定再次回到当年的花园，在曾经生活过的地方再走一遍。

他望着长满杂草的花园，惭愧地说不出话来。当年的诺言变成了灰烬，曾经美丽的花园还是长满了杂草，原本美好的爱情也因为他没有经营而变得冰凉。

他终于意识到自己的问题，在回到这里的那天开始，他就专心修剪那些被忽略了很久的花朵，让花园又恢复了原来的生机。

这些行为都被妻子看在眼里，渐渐地原谅了他。他们又像刚在一起的时候那样，边浇水，边说笑，日子过得如花绽放。

人生就是这样，顺风顺水时，可能满眼烟云一波惆怅，但真正乌云密布的日子翻卷而来时，我们才得以窥见自己那颗傲慢、懒散的心，开始重温昨日美好时光，才会重新抱紧内心冰凉的爱人。

有时，穷苦的日子里，反倒因为窗台仅有的一盆花而愈加显得生命珍贵、爱情美好！

PART ❷

亲密·两性：提升魅力，尽享甜蜜

在爱情中，女人通常被动地接受男人的爱，但是，当遇到自己喜欢的人时，也要有技巧地主动出击，适当施展自己的魅力。在进入婚姻后，也需要认真经营，才能让你们之间的爱情更加甜蜜。要想摆脱无聊的人生，需要探到情感的深处，那里面是无穷无尽的生命力。

去哪里才能找到优质好男人

在最幸福的亲密关系中，两人的各项要素多少都是均等的。即使某项很不平等，他们的品质在整体上也能够彼此弥补、中和，达到均衡。

很多女孩认为在情感中自己绝对不能主动，仿佛自己主动了就不是好女人了似的，因此，只知道被动等待。有人曾在知乎上发问：为什么现在很多男生宁愿单身也不主动追女生了？其中有一个高赞回答是这样说的：我都走了99步，你连一步都不想走，还说我不懂坚持。有时候并不是一个男人不够爱你，而是长期得不到主动的回应，除了放弃，他别无选择。

想遇到优质男人，也是一样，当然不能只是坐等对方到来，英国的恋爱专家马修·哈斯（Matthew Hussey）一针见血地指出：如果你总是在原地等男人来找你，那不好意思，你最后找的很可能是个渣男。

也有很多条件本来很好的女人却总遇到烂桃花或者“钢铁直男”，好男人都在哪里呢？怎么能找到呢？有一段话是这么说的：“你千万别想在麦当劳旁边的十字路口找到上帝，生命中那些足够美好、足够重要的某些时刻或者某些人，一定值得我们多花一些时间多花一些心思，去隆重而庄严地表达对他们的喜爱和重视。”

因此，对于这种重要的终身大事，是需要我们付出心思和努力的！

在挑选优质男人之前，有一点值得注意，有钱的男人不一定是优质男，要从多维度去考察对方是否适合自己。

那么到底在哪里能遇到优质男人呢？那就一定要进入优质男人的圈子里。

○ 优秀公司定会藏龙卧虎

优质男通常也会在优秀的大公司工作。大公司在招聘员工的时候要求比较高，学历、技能、情商都不会太差，有大公司的HR帮忙筛选，你会少走很多弯路。在职场寻找优质男人有一个很大的好处，就是你可以全方位地了解一个人，他的性格、人品、做事风格、经济状况，是成功率很高的一种选择。当然，物以类聚，如果你想吸引未来的潜力股或者精英，你自己也要成为这样的人。因为工作场合是展示能力和工作态度的地方，只有工作能力强的人才能赢得队友或“敌方”的尊重。

○ 高档的休闲场所

高端的展览会、画廊、高档健身房、行业沙龙会等都是不错的选择，但是选择这些地方的时候不能盲目，要根据自己的特长爱好来选择，千万不要不懂装懂，不然不仅吸引不到“男神”，还容易闹出笑话。比如喝红酒的时候，你却用手握住杯肚，比如你看到《西门与佩罗》，却以为是一副色情的画，而不知道这幅画表达的浓浓父女之情和爱国之情。大方得体是吸引男人和你一起讨论的前提，侃侃而谈、有自己的观点会让他想要进一步了解你，所以平日做好功课很重要。

○ 网络社群

如果你想找青年才俊，你也可以根据自己的兴趣加入各种社群，现在这样的社群微信上有很多。一些群也会经常做一些讲座、沙龙活动，可以多去参加，既可以拓展自己的兴趣，增长见识，也可以多认识朋友；但是这样的社群通常龙蛇混杂，什么样的人都有，也要注意区分。

○ 高端峰会

高端峰会，是优质男的聚集地，如果你想找金融男，就去参加金融峰会；如果你想找创业男，就去专业的创业峰会，所以，记得关注你希望接触到的优质男的行业峰会信息，多去参加哦！

○ 婚姻的阶级跨越会遇到的风险

虽然我们都希望找到更优秀的男性结为伴侣，但灰姑娘嫁给王子之后会幸福吗？

在知乎上看到一个问题，问男生是否会介意女友的家境。下面的一个回答一针见血：没见过不介意的，只见过各种变相不承认的，这就是现实。那些家境优渥的优秀男人，希望找到的多半也是一个和他们有同样背景的姑娘，这未必和有没有钱直接挂钩，这往往意味着地位的平等，资源的可置换，以及三观的匹配。

有个词叫做“凤凰男”，指的是那些家境不好，但是经过个人奋斗成就不错的男青年，迎娶家境不错的女孩，但是，即使他上进心强会赚钱，也很难填补原生家庭所带来的鸿沟。比如嫁给A的富家女，和A回到没有暖气的婆家，看到A穿上父亲的军大衣，双手抄在一起，缩着脖子，盘腿坐在床上的样子，让富家女一下子认识到自己过去爱上的是A改良版的样子，这种失落就成了婚姻中的鸿沟；而持有“父母还在苟且，你怎么敢有诗和远方”这样观点的凤凰男B，只能不断地倾倒自己小家的物力和财力去贴补穷困的原生家庭，不断拉低生活标准，令B的妻子越来越无法容忍……

这就是婚姻的现实，将“凤凰男”的性别颠倒一下，这个道理也依旧成立。

对婚姻的研究发现，婚姻是存在等价原则的，如果伴侣每个方面都比自己优秀，自己痛苦的程度就越大。在不等价的婚姻中，“优势”的一方会隐约颐指气使，而劣势一方注定要过着对爱情缺乏安全感的生活。俘获出众伴侣的喜悦很快会变成日复一日的现实：你总是屈居第二，永远都要更加努力，想办法拉平你们之间的差距，这样的日子也不好。

因此，即使自身非常优秀，也很难消除双方的壁垒。所以，如果你是个普通女孩子，想要嫁给百里挑一的高富帅，顺便实现阶层跃迁的确很难。

让对方怦然心动的技巧

对意中人进行密集、强烈甚至带有“威胁”意味的目光接触，是让对方爱上你的第一步。

科学家告诉我们：当人们坠入情网的时候，人体会产生令人迷醉的物质叫苯乙胺，它会让人悸动、兴奋不安、心乱如麻，并且这种物质完全出自天然。因此，我们需要学习一些技巧，促进别人的大脑分泌苯乙胺，从而让你爱上的人也能爱上你。

○ 运用电眼，制造一见倾心的初遇

就像演员试镜一样，他们需要借助自己的才华在短暂的时间里脱颖而出，从而得到自己想要的角色。同样，如果想让自己成为对方爱恋的角色，我们也需要一套技术，能迅速打动意中人的心，让他对你

一见钟情。如果对方没有对你一见倾心，恐怕他可能根本不会认识你，更不要说爱上你。一见钟情只在初遇时发生，一旦错过，就永远错过了。

强有力的目光接触能让人迅速产生强烈的情感。《人格研究杂志》中报道了一项实验：那些长时间注视聊天对象的眼睛，并同样被对方长时间注视的参与者，他们所获得的情感明显比其他参与者深厚许多……也就是说，那些互相凝视的参与者之间迅速产生了强烈的喜爱之情。

所以，你与意中人进行密集、强烈甚至带有侵略性的目光接触，可能是让对方爱上你的第一步。恋爱中的人都有一种感受：我的目光不能从对方的身上移开，而且在谈话结束后，目光也久久地在对方的身上停留，这样缠绵而眷恋的眼神，容易激发爱情萌生。

○ 含蓄的进攻方式：微笑

有一位离婚了的姐姐，孩子已经上初中了，人也不是那么苗条，但是她的言谈举止总是风情万种，而追求她的男士也排成队，对她各种献殷勤。

这个姐姐对心理学很有兴趣，尤其是在两性关系方面颇有研究，懂得驾驭各种类型的男人。有一天，几个姐妹小聚，大家都嚷嚷着让她把“干货”拿出来分享，借着酒醉后的得意，这个姐姐终于对大家吐露了她的“撒手锏”。

她的撒手锏就是对有好感的男士主动微笑，就这么简单。

这一条看似简单，但是真正操作起来却不那么容易。其中一个姐妹马上就道出了大家的心声：“我们女性主动向男人微笑，或者‘不小心和他撞个满怀’，男人会不会觉得我们太主动而看轻我们？”

“首先，我们需要调整认知。如果你看上了一个男人，不妨这样想：主动是女性的一种特权，让我们借此选择更好的配偶来实现自己种族的延续。当你去主动接近英俊男人时，你只是凭借直觉完成你自己的使命。”

“另外，他们男人不会觉得你是主动的！出于男人的自尊，他会将这件事反过来理解。他们在事后往往觉得是自己主动的。”

这个情场高手为了让大家更容易理解，讲了一个她与现男友的故事。

“我当时自己一个人在吃饭，看到不远处有一个英俊的男子正在看书。他看书的样子很吸引我，于是我就对他嫣然一笑。刚开始他有些被我吓到，迅速将头埋进书里。过了一会儿，他又抬起头，我又对他一笑，他同样用书挡住了自己的脸。不一会儿，他站了起来，走过我的桌边去上洗手间。当他经过我身边时，我强迫自己又朝他笑了一下，他开始不安地挠挠自己的头。等他从洗手间回来，又经过我的桌边，步子放得特别缓慢，再一次，我抬眼看他，并且再次微笑，这个陌生男人终于停下了脚步。经过多次微笑的“狂轰乱炸”，他终于主动和我搭讪。后来我们两个就成为了情侣，可是在他的意识中，是他先主动追求的我，因为，在向他的朋友们介绍时，他都说的是自己先爱上我的。”

我对这个姐姐的策略深表认同，因为我就曾亲眼目睹过类似的事发生在我身边。

记得自己做杂志文字记者的时候，在一次采访结束后，我和一位男性摄影记者一起吃饭。就餐过程中就见这位四十左右的男士向另一个桌子的女士点头微笑。吃完离开时，他又特意向那个桌子走过去对那位女士说再见。

我想当然地认为他在这里遇到了老朋友，但是他却说："我并不认识她啊，只是她往我这边看，作为男人，我应该有这个礼貌嘛。"

眼前的同事做出如此优雅的举动，让我感觉他非常的绅士，而这两个陌生男女之间的互动，让我这个旁观者也感觉非常有情趣和格调，谁也没有在意是那个女人先示好的。

○ 如何避免进入尬聊的状态

假设你与对方互有好感，却在交谈中不顺，本来美好的交流，却葬送在无聊的场面话中，那是多么令人沮丧。

如何能让聊天更有趣、更有意义，并且能让对方更愿意敞开心扉，促进深入交谈呢？这就需要我们在与对方沟通时，仔细倾听，密切关注各种话语中的信息：对方偶尔提到的地点、时间和人物，或者特别的词汇。产生好奇并深入探究这些内容，你就找到了通往意中人心中的钥匙。

比如你在下班躲雨的时候，在咖啡店遇到一位令你心动的男士，他也在这里躲雨。

你说："哎呀，这雨可真大！"

他很赞同地说："是呀！"他的身体姿态看似很放松的样子。

你竭力找出一些话题来持续你们的对话："你经常来这家咖啡

店吗？”

“不常来。我只是到这里来喝杯热咖啡，顺便等雨停了再回家。”

“雨越下越大了。”你继续维持交谈，但是已经有些力不从心了。

“是啊，但是对农作物有好处。”

话题说到这里，两个人都一时想不出什么别的话题，双双陷入尴尬，本来可能萌芽的爱情，就要“出师未捷身先死”了。

如果你足够细心，就会发现对方的话中有一个重要的词汇“农作物”，如果能把它提出来并展开话题，那就能将一场枯燥的闲聊变成一次愉快的畅谈。

为什么这场雨令对方想到“农作物”？也许他出身农村，对农业怀有很深的情感；或者他喜欢在阳台养蔬菜；又或者他比较喜欢田园生活，不然的话，这个词不会从他嘴里说出来。

如果能找到并把握住对方话语中的关键，就永远不会让聊天陷入只谈论“天气”的枯燥氛围中。

当你们的谈话进一步深入的时候，通常会互相谈论彼此的职业。这时候，千万不要只扔给对方一个职业名词，这会让对方在沉默中结束话题。你可以较详细地介绍自己的工作，这样便于对方根据你提供的细节继续发问。

比如说，你不要只说自己是个“房产经纪人”，而需要稍微展开一下：“我是一个房产经纪人，主要负责新房的销售业务，最近正在忙着××房产的开盘。这次开盘，我遇到几个很有意思的客户。”这就给你们的谈话提供了继续下去的内容。

如果谈到“你是哪里人”，也不要只把一个地理名词甩给对方，而是要抓住你故乡的特点、有趣的风土人情，好让对方能接住你的话题继续发问。

当你们相谈甚欢，对方就很容易视你为知己者，你们的情感热度就会攀升了。

自己的一颗真心有时是不够的，需要研究科学的方法，了解如何做才能让别人爱上我们，同时调整自己的言行去贴近意中人的需要。当瞄准意中人的时候，让自己尽情投入，听从直觉，顺应内心。

让他主动陪你开心逛街并不难

男人逛街购物就如同外出狩猎迅速杀死猎物一般，出发、瞄准、射击、结束，面对所需物品果断购买毫不犹豫。女人则一般没有特定目标和方向且没有太多时间上的限制，所以计划一个小时的购物往往会被拉长。

有一对夫妻在街上吵架，原因是老公不想陪妻子逛街，妻子怒道：”你现在给我闭嘴，乖乖陪我逛街，你敢再和我吵一句，我就喊你耍流氓；你要敢走，我就喊抓小偷。”她用此方法拿下了老公，但不得不说这种做法过于彪悍，可以预想，即便是老公乖乖陪你逛街了，也会耷拉着脸，这也会扫我们的兴致呀！关于逛街，珍爱网的一个调查显示，63.31%的男士明确表示自己或者身边的男士厌烦陪女友逛街。

连谈恋爱这样男人最殷勤的时期，男人都厌烦这项大部分女人乐此不疲的活动，更不要说婚后了。同学亮子的朋友圈里这样描述他陪媳妇逛街时的心情：

“就在这家临街的商铺，我永远不知道我媳妇还有多久才能出来，说好的一个小时，我很天真地等待了一个世纪！四个小时后，娇小的她双手抓、捏、拽、拎着十几包的购物袋给了我神一般的惊喜，没错，这就是那个我那手无缚鸡之力的小媳妇！！！”

另一位男士很共情地在朋友圈下留言：世界上最遥远的距离，不是我站在你面前，你却在看衣服，而是明明知道我在等你，你却一直不从试衣间里出来。

很多女人不明白，为什么上街购物这么简单的事情，男友就不能配合一下呢？

○ 基因决定男女逛街模式不同

事实上，对于“男人逛街”这件事情，很多女人都存在不少误区。她们认为男人天生都不爱逛街。她们甚至还认为，男人一条裤子可以穿十年，根本就不需要逛街。

其实这里面存在着误会。

有相关人士研究认为，男女逛街模式不同，这与人类的遗传基因有关。原始时代，男子需要外出打猎，其目的性很强，看到猎物就会本能地猎杀；女性则选择成熟又可以安全食用的果实采摘作为生存手段。

如此一来，进化过程中，男人逛街购物如同外出狩猎迅速杀死猎物一般，面对所需物品果断购买毫不犹豫。女人则会挑选“好果子”，而这样的选择一般没有特定目标和方向且没有太多时间上的限制，所以一个小时演变成“一个世纪”对她们来说并不意外。

这样的购物模式，会让女性在感觉“果实”不成熟、不适合“食用”时选择放弃，但丝毫不影响这一过程中的乐趣，这也同样再为下一次“采摘”打基础。男人逛街目的性强，不像大多数女人一样漫无目的，甚至只逛不买。男性认为两手空空地回家会有某种程度上的失败感。

从根本上了解了男女不同的心理和思维特点，从自己身上找原因，思考一下让男人快乐地陪我们逛街的策略。

○ 逛街不能让男人完全被动

有一位闺蜜说：“为什么我主动提出陪老公逛街时，他还不太乐意呢？”我请她回忆一下：是不是自己打着陪他逛街的旗号，最后变成让他陪自己了呢？逛街去的地方是自己感兴趣的东西多，还是对方感兴趣的东西多呢？这么一问，闺蜜就知道问题出在哪里了。男女感兴趣的点不一样，如果总让对方陪自己去关注没感觉的事物，他一定会厌烦。所以，在逛街的过程中，也要兼顾对方的兴趣。喜欢看书的，可以先去书店看看；喜欢电器的，可以到电器行转转；喜欢电玩的，那就去电玩城先打上几十个币；喜欢时装的，先去男衣服部挑挑对方的衣服。在男人主场的时候，我们也一定要多参与、多参谋，千万不要让对方觉得你一点都不认真。把他们哄高兴了，他们自然也会陪我逛。千万别讲“陪老婆逛街是义务”的傻话，也不要强拉着他们做根本不喜欢的事情。我保证，这样做就算你得逞，你得到的也顶多是一个苦着脸的跟屁虫。

○ 要让男人有掌控感

喜欢掌控，也是男人的心理特点。逛街时，一定要让对方参与进来，并且最好有一定的成就感。有一个朋友就非常聪明，在商场购物时，她让老公推购物车，负责购物车的商品摆放以科学分配空间，自己则不紧不慢地耐心选购商品，不时地夸奖老公空间分割得好，非常科学、有条理。可别小看这样的夸奖，只要让男人有一定掌控的成就感，他就从你的购物过程中体会到了存在感和价值感，从而无意中喜欢上这样的活动。

○ 不要让男人在试衣间外等你太久

男人不能够理解女人乐此不疲地看衣服的原因，这和女人无法理解男人们为啥喜欢喝酒、吹牛、侃足球是一个道理。所以，趁着对方还有一点耐性，迅速浏览一下橱窗、模特儿身上的物品，喜欢的立刻买下来，其他的细节改日和女性朋友再探究，以买衣服为目的的逛街，还是找女性朋友搭伴更为实际有效，尽量不要在这方面给自己添堵。

○ 合理选择购物场所和逛街方式

很多男人喜欢热烈的足球场和喧嚣的酒吧，但是不会喜欢狭窄吵闹的小摊、批发市场。所以，选择宽敞明亮，有茶座有音乐的商厦很重要，就算他不喜欢逛街，总不至于厌烦逛街的气氛。你也可以试着把每一次有他陪伴的逛街都变成是一场约会，而不是纯粹的干逛，逛到他跟你一样筋疲力尽，换一种方式，走走停停地边逛边吃，也许更能让他感受到你的善解人意。当然，你们两个也会有共同喜欢的品牌，比如运动服或限量版的鞋，选择情侣款更会促进彼此的感情。

○ 多问问题，让男人有参与感

男人是喜欢解决问题的动物，你提了问题，他自然会想解决的方法。慢慢的，在思考的过程中，就会对女人感兴趣的东西有了了解，了解了就会注意，注意了就可能有兴趣，喜欢上女人的东西就是很自然的事了。比如看家居物品，你可以说："这条毛毯又便宜又好看，放在咱家客厅怎么样"；看玩具的时候，你可以问他："这个公仔是不是咱儿子喜欢的类型？"为了有更多的共同语言，在日常相处中，多和对方聊聊自己喜欢的一些东西的常识，这样即便对方并不很懂，但也不会让对方在陪自己逛街购物时，感觉完全不知所云，没有交流机会。比如我的一个小同事基本就把男友"培训"成了半个彩妆专家，她会在逛街前就和对方交流到底哪个口红色号更适合自己。

○ 用美食强化逛街的好心情

购物的时候我们可能欢快到忘记了时间，等结束时通常会身心俱疲，别说回家做饭，就算走路都可能没有力气。这时候，别忘记要对男人的辛苦付出体贴地予以奖励。比如可以一起吃顿美食或看一部他欣赏的电影。请时刻记得，在男人的大脑中，购物这条线路是不存在的，因此需要给对方动力。尽量选择环境优雅、食物可口的餐馆进餐，不仅解除了疲劳，还能增进感情。以吃饭结尾的逛街，就要在出发之前做好路线上的安排，尽量把逛街最后一站和餐馆安排在一起，以便能在又饿又累的当口，立刻享受美食。吃好玩好，男人的心情就会好，就会觉得逛街也许不是那么糟糕。

○ 甜言蜜语增强下次逛街的动力

等你们浪漫完了，回到家中，我能理解你想立刻休息，但千万不要躺下就睡，或者没完没了地试穿新衣，冷落了身心俱疲的男人。在这种时候，为辛苦了一天的男人按摩一下，对他说："老公，今天陪了我一天，你真好。"这样很容易就让男人们心花怒放。在一件事物与良好的感受相连之后，就会在他的头脑里留下愉快的情绪，等到你再次提到这件事情时，他就愿意再次参与了。

嘴巴甜一些，行为体贴些，你就会发现，拉着男人去逛街，其实不是件很难的事。

去电影院总会发生点什么

电影中的一句暗语、一个独特的表情，就会成为你们心照不宣的暗号，经由电影而形成你们两个人之间的共同经历，会渐渐合并成为你们二人之间独有的隐秘性记忆。

看电影，几乎是谈恋爱时的必备内容，电影院所营造的气息是独有的。有一次，一些姐妹在一起分享当初自己是如何坠入爱河的，其中一个就说是因为一场恐怖电影。当时她被剧情吓得差一点惊叫出声，旁边的男生适时地握了一下她的手，本来她对男生一直没有来电的感觉，但是，只那么一握，她便有了一种强烈的安全感和对男生的依赖感，从这一刻起，她就感觉和他的关系不一样了。

在巨大的画面上，演着让荧幕下的男女欢乐、叹息、喜悦和兴奋的各种故事。纵然现在拿着手机可以随时播放新上映的影片，但是电影院的视听体验，是想提升精神享受的人们无法用小屏幕替代的。无论是热恋中的情侣，还是想情感保鲜的夫妻，去电影院吧，一定会让你们之间发生点什么的。

看电影， 并不仅仅是恋爱中小情侣的活动，对于情感来说，还有着多种意义。

○ 美好的相伴

小敏每次看电影，都会不由自主地想起第一个陪她走进影院的那个男生，那种暧昧与温暖的感觉每次随着她踏入电影院的大门便从心底的最深处缓缓升起，一种淡淡的、久远的思念像悠悠然的淡蓝色氤氲将她的内心充满。那个男生现在已经不知人在何方，小敏也没有那么大的动力去找寻他，仅是保留这样的感觉也很不错。

那是高考后去学校看分数的一天，本来还在高二，与之丝毫没有关系的他却也来到了学校。在临上考场前，他曾送给小敏一份礼物，是一个文具盒，里面装着各种考场可能要用到的文具，给小敏印象最深的是他精心削好的多支2B铅笔，整整齐齐地排列在那里。

看过分数后，他邀请小敏一起去看电影，那是小敏第一次走进影院。在这灰暗又贴近的空间里，在这共度的将近两个小时的时光中，他陪在小敏的身边，心被牵动于同一故事，一同随着主人公或喜或悲，做梦或神游。还记得影片结尾时，小敏因为女主角要奔往远方而跟着女主角流泪时，影片中的男主角递来手帕，屏幕下的他给自己递来纸巾……

小敏与这个男生的相处一直是淡淡的，也因为种种原因而没有更进一步，后来也随着人和事的变化而在时光的掠影中交错而过，直到相互再也看不到踪影。但是，看电影时候的美好记忆，却在时间浪潮的不断冲刷下留存了下来，依然影响着小敏现在的生活。

○ 深入的相知

无论是恋爱的小情侣或者是已经共同生活了多年的夫妻，其实并没有共同经历多少人生的风雨，日子在平淡中度过，共同的记忆并不多，因此，在精神的更深层面，可供交流的内容比较少，这使得两个人之间的情感就没有那么丰富和深刻。

但是，在观影的过程中，两个人共同感受主人公复杂而细腻的情感，尽管这与现实中的两个人实际现状并不相同，但是却会让两个人之间产生私密性和分享心理，你们之间就会增加很多可以延展的话题，在以后的交流中，电影中的一句暗语、一个独特的表情，就会成为你们心照不宣的暗号，经由电影而形成的你们两个人之间的共同经历，会渐渐合并成为你们二人之间独有的隐秘性记忆。而衍生出共同的话题，也更能了解对方的性格和价值观，从而在更深的层面了解对方，也让对方更深入地认识自己。

○ 情感的疗愈

在心理治疗领域，有专门的“电影疗伤”方法，即给来访者开出电影的名单让他观看，以便通过电影引发的思考或者类似的情节让来访者走出思维的困境，改变认知的角度，从而让心灵得以疗愈。对于夫妻的情感问题，依然可以利用电影来促进情感的疗愈。

戴女士做完心理咨询后，咨询师给她留了一个作业，就是与她的先生看一部两性关系影片《致命诱惑》，里面的男主角与戴女士的先生很相似，只因为一次不慎，结果被执拗的第三者纠缠，其实她的先生早就后悔不已，但是戴女士还是无法从内心原谅他。看了这部影片后，戴女士稍微能站在先生的立场来重新审视他们的婚姻，最后和丈夫站在一起，开始他们的“婚姻保卫战”。

电影对情感的疗愈效果是有专业研究证明的。

一项由罗彻斯特大学进行的研究，共有174对夫妻参与。结果发现，在改善婚姻关系上，让这些夫妇一个月观赏五部与两性有关的电影，与接受两性关系咨询师的治疗一样有效。

其实，很多存在情感问题的夫妻清楚地知道自己在这段关系中做得是对还是错。因此，没必要传授所有的两性关系处理技巧来降低离婚率，只要把电影作为对比的参照物，让夫妻能更切身地领悟就够了。

撒娇是一种聪明的性感

撒娇是感情的保鲜剂，是沟通的润滑剂。撒娇，是用一种温柔甜蜜的方式，表达自己的需求。撒娇只是一种情绪的表达方式，它并无好坏之分，也不是单纯的“发嗲”，而是你在最亲密的人面前放下防备，展现了自己柔软的一面，从而形成情感联结。

我认识的人中，小曼是撒娇的高手。我现在还记得高中的时候，小曼一直是我们班最受欢迎的人，人缘好得很。等到毕业十多年聚会的时候，我发现孩子都快上中学的她依然还是老样子，摇摆着一个本来不愿送她回家的亲戚的胳膊，向他撒娇道：“求你啦，求你啦！”最终对方举手投降，露出一个拿你没办法的微笑。

会撒娇的人、善于撒娇的人，一定是小时候父母喜欢孩子撒娇，一旦如此，就满足了孩子的要求。因此，这些孩子长大后也会采取这种方式，因为在潜意识里认为撒娇可以解决问题。事实也证明，无论熟人还是陌生人，无论男人还是女人，大家都喜欢能如此向自己表达亲密的人，都不忍心拒绝这样的“孩子气”。

○ 撒娇是感情的保鲜剂

撒娇可以算是女人特有的智慧，看似柔弱无助，实则颇有“四两拨千斤”之势。适度的撒娇事半功倍，而“哭”是撒娇的利器，有时候可能苦口婆心跟男人解释半小时也沟通不了的事情，只需要你哭上两三声，矛盾就迎刃而解。

事实上，撒娇是感情的保鲜剂，是沟通的润滑剂。撒娇，是用一种温柔甜蜜的方式，表达自己的需求。撒娇只是一种表达情绪的方式，它并无好坏之分，也不是单纯的发嗲，而是你在最亲密的人面前，放下了防备，展现了自己柔软的一面，从而形成情感联结。

伴侣之间，付出很重要，表达需求同样重要。

大多数男人确实喜欢既温柔又会撒娇的女人，男人会感觉自己被女人依赖。

如果男人主动给女人帮忙，女人担心给人添麻烦或者感到不好意思婉拒，那么男人就无法在你这里找到自己的“存在感”，无法满足他“被人需要的虚荣心”。当男人觉得在你的世界里他就像一个多余的人一样，他就会距离你越来越远。

所以，女人在男人面前要学会示弱，才会让男人觉得自己“很行”。

印象里，小姨一直是个独立的女人，却时不时地对姨夫“示弱”，明明自己就可以做到的事情，却总会寻求老公的帮助。当时我还小，不太懂这些，以为小姨懒，后来姨夫对我说："你小姨这不是懒，而是在和我撒娇。"后来我在网上看到一个新闻，一位七八十岁的老大爷在买电影票的时候对售票员说："给我两张电影票，这个小妹妹要看电影。"老大爷说的小妹妹，是他身边同样满头白发，牙齿快掉光的老伴。

这世上哪有什么成熟的女孩！只有察觉到被偏爱的可能，才会明目张胆地对亲密的人撒娇。

某个脾气不好的"直男"朋友，有过两三任女友，都是因为吵架而分手，没想到这样一个在众人看来会"孤独终老"的家伙，却被现在是他妻子的娇小女人给治得服服帖帖，不禁令人感叹：真是一物降一物啊！后来，我们知道了其中原因，就是这个小女人特别会撒娇，而这位朋友刚好吃这一套。

撒娇是一种聪明的性感。会撒娇的女人能把百炼钢化为绕指柔。

当然，一些不擅长在言语上示弱的女人，特别是在争吵后不肯低头，也可通过肢体动作直接表达，比如默默伤心掉泪。

当然，在不那么严肃的小事儿上撒撒娇是情趣，但是将撒娇作为逃避过错的方式，会毁掉撒娇的效果。

很多时候对方不是看不透你的套路，只是因为爱你懒得戳破而已。

○ 不会撒娇的女人更需要被宠

一些女性在主动或被动追求"独立自强"的过程中，可能慢慢丢掉了这个上天赋予女人的好武器，变得坚硬，也丧失了温柔表达自己需求的能力。

潘潘独立经营着好几个幼儿园，各种压力都需要她一个人来抗。在一次主题性的心灵沙龙会上，潘潘分享了一个让她感悟颇深的故事：

“有一次，我们一群朋友去爬山。下山时，一位男士担心女士的安全，就在一个难走的陡坡边上帮助女士们下山。每一个女士走到那里，基本都会自动地抬起胳膊，将自己的手放在这个男士的手上。

轮到我时，我淡淡地说了一声：‘谢谢，我不用。’那位男士很尴尬地站在那里，帮也不是，不帮也不是。

我独立下了这个坡。

但是我转头一看，其他的女士们都一个个地主动伸出自己的手来……忽然间，我意识到了自己的特别。”

很多“钢铁女侠”，别说撒娇，就是基本的依赖能力都丧失了！可是，撒娇的能力是如何丢失的呢？不会撒娇的人，往往是在原生家庭中撒娇的时候，没有得到鼓励，反而受到了遏制甚至打击。

有个女孩说自小学后，她再也不敢对任何人撒娇。有天放学，她想吃冰箱里的雪糕，爸爸告诉她：“马上吃饭了，不要吃了！”她就拉着爸爸的衣角，晃了晃，撒娇说：“人家想现在就吃嘛！”，没想到她爸爸却突然生气，对她吼了起来。长大后，偶然间的一次聊天，爸爸向她道歉：‘那天是因为工作上有烦心事，就不小心对你发了火。’这么多年过去，她早就不怨爸爸了，只是她心中对撒娇的阴影，却没有随着时间淡化。

还有个职场女强人回忆自己丧失撒娇的能力，也是有类似的情况：

“我从小想像别的孩子一样对妈妈撒娇，但是，妈妈对我撒娇的回应，每次都是厌烦，甚至恼怒，是妈妈表达自己对此行为的感受。

所以，不要说撒娇，连我主动表达爱的能力也一同被毁灭了。几次下来，谁还愿意再去自取其辱呢？

后来，倾听妈妈的话语，我慢慢品出她的教育理念：父母接受撒娇等同于溺爱孩子，等同于阻碍孩子独立。

妈妈觉得，总和家长腻腻乎乎的孩子。黏着家长的孩子，不会太有出息，那是家长的娇惯，这样下去，孩子长大了离不开父母，父母也离不开孩子，这是对孩子不利的表现。

于是，在情感的路上，我慢慢地只能被动接受爱，以便让自己处于可以主动选择的位置，这可以大大避免受羞辱的概率。

或许，我的妈妈也是这样变成‘女强人’的吧？因为没有，所以自己也给不出。并且还为自己的行为找了很多美好的借口，例如锻炼孩子独立等。

我们家代代的女人都很独立，但是都缺乏柔和，在亲密关系上都比较疏离，显得很冷淡。”

确实，撒娇的前提是敢于示弱。一个人真实的撒娇状态，是把我们身上的盔甲都取下来。这就像邻居萍萍养的猫咪，萍萍说猫咪刚到她家里的时候，总是自己躲在角落，后来熟悉了环境，才会到家人面前躺下，露出柔软的肚皮。撒娇这两个字，看起来只是一个简单的动作，却是基于安全、信任和爱。

周迅在《不完美的她》里饰演的林绪之，有优渥的家境，出色的能力，但是内心的空缺却是这些外在条件所不能填满的。养母一直期待绪之能与自己更亲近一点：“你从来没有向我撒过娇，有那么困难吗？”但也正如她所说：“有宠爱的记忆，才懂撒娇。”

因此，并不是撒娇的女人都好命，是好命的女人才会撒娇。

那些“钢铁女侠”，其实内心也渴望被宠爱，因为缺失反而渴求。不爱撒娇的女人，是希望被读懂，也有机会可以柔弱。怎么应对那些性格强硬的女人？宠她！例如，在女人哭的时候，不要给她讲道理，只要把她拉进怀里，紧紧地抱着她就可以了。当然，男人也可以撒娇，也许强硬会让自己变得可敬，但是，撒娇会让你变得更加可爱。

○ 撒娇是一种依赖别人的能力

爱是本能，为爱保鲜是技能，如果想要一段感情得到发展，一味地“发嗲”索取和一股脑地付出都无法帮感情保鲜。

在两性关系之间，这种需要与被需要的关系里，独立能力和依赖别人的能力都是缺一不可，而撒娇就是依赖的一种表现。让对方知道你在想什么，你需要什么，哪怕在过程中吵了架，那也是生活的情趣。

如果你在感情中忽视了自己，感情也会忽视你。为什么很多女强人的婚姻都不幸福？就是因为她们习惯了强大，习惯了被依赖，而依赖别人的能力随之丧失。凡事都讲究平衡，任何一端过了都不行，有所得，就会有所失。

撒娇可以看作是最便捷达到目的的一种工具，在不违背自我原则的条件下，你一个眼神、一句娇嗔就可以轻松解决的问题，干嘛非要绕弯路去解决呢？

爱情最美的样子：新冠时期的爱情

曾经在老电影中才能涌现出的硝烟中的革命爱情，今天在疫情战役拉响后又以这样的特殊方式再现，他们用自己的方式感动了世界，也用自己的使命保护着我们每一个人。

其实我们每个人都是自己人生的剧本写作者，我们自己的行动就是爱情最美的样子。

○ 重读《霍乱时期的爱情》

疫情期间，仿佛有一只无形的手把我的工作节奏按了减速键，我开始以在家办公的方式品味这难得的安静时光。因为没了平日下班后车水马龙的拥堵，我把每天这本来应该在路上的两个小时用在了阅读上。

新冠病毒不断变异的信息让人很是焦虑，我二次重读《霍乱时期的爱情》，以另外一种方式对抗这段不安，仿佛这样就可以躲开偶然飘过我窗外半空中的那片黑云，然后等待晴空万里。

《霍乱时期的爱情》是作家加西亚·马尔克斯获得诺贝尔文学奖后出版的第一部小说，每次翻读都有不同收获。我曾努力尝试总结我对它的一种超乎寻常的阅读体验，但始终无法说服自己，直到有一天看到哥伦比亚文学评论家安东尼奥·卡瓦耶罗对这本书的一句点评，我才觉得他的话真是一语中的。

他说：这部多姿多彩、时间跨度为五十年的悲欢离合的巨著，展示了所有爱情的可能性，所有爱情的方式、表现、手段、痛苦、愉快、折磨和幸福。它堪称是一部充满啼哭、叹息、渴望、挫折、不幸、欢乐和极度兴奋的爱情大全。

在这本书的结尾处，跨越半个世纪重新走在一起的两个人已到人生暮年，为了和费尔米纳（女主人公）在船上度过余生，阿里萨（男主人公）决定在船头挂起象征霍乱的黑黄旗帜，这样就不会有人敢来打扰他们了。

书中这样写道：

船长看了一下费尔米纳，在她的睫毛上看到了初霜的闪光。然后他又看了一眼阿里萨，看到了他不可战胜的自制力和勇敢无畏的爱。于是，终于悟到了生命跟死亡相比，前者才是无限的这一真谛，这使船长大吃一惊。

“您认为我们这样的未来可以继续到何时？”船长问。

这个问题，阿里萨早在五十三年七个月零十一个日日夜夜之前就准备好了答案。

“永生永世！”他说。

在阅读期间，在当下的新冠病毒防疫的生活里，很多普通人也在用行动无声诠释着这四个字。我越来越觉得，其实我们每个人都是自己人生的剧本写作者，我们自己的行动就是爱情最美的样子。

○ 隔着玻璃门的亲吻

2020年7月26日晚，一对特殊的小两口来到义乌影院观看电影《中国医生》，他们在影城大厅浏览电影立牌海报上的一张张新闻照片时，女生忽然指着其中一张惊喜地示意老公说：“快看，我们的照片啊！”

照片上，隔着厚厚的玻璃门，一位男士戴着口罩正与玻璃那一面戴着口罩的女护士亲吻。

没错，他们就是这个爱情故事的主人公。

2020年2月，一张隔着玻璃门和口罩亲吻的照片在经“钱江晚报”报道后，迅速火遍全网。照片中的女主人公是浙江“95后”小护士陈颖，因为疫情和职业的原因，她与相恋的男友只能隔着玻璃门和口罩亲吻，浓浓的思念之情让人动容。网友纷纷感叹，这个浙江护士小姐姐，正是我们身边95后的样子！他们也是爱情最美好的样子！

2019年1月28日的初次见面，两个人一见钟情，很快建立了亲密关系。原本计划在2020年2月14日登记结婚，但突如其来的疫情打乱了他们的甜蜜计划。2020年大年初一，陈颖接到三级防护培训紧急通知，正在感染科轮值的她随后主动请战进入负压病房，成为首批治疗新冠病毒确诊患者的护士。

这意味着，热恋中的两人不能每天见面，也意味着，作为一名医护人员，她的生命健康随时可能发生意外。

凌晨两点是陈颖上下班的时间，从医院宿舍到负压病房的5分钟路程里，男友打开视频陪伴她“走”过这段一个人的路程。工作的压力与情感上的相思都透过这小小的一方镜头得以排解，他们约定：等疫情结束，我们就去领证。

一个月紧张的一线防疫工作加固了两个人的爱情。2020年3月10日，陈颖离开负压病房，在医院宿舍楼前，迎来了手捧玫瑰和蛋糕的男友。男友单膝跪地，献上戒指，再次向她求婚。

2020年3月20日“国际幸福日”这一天，他们领证结婚，成为幸福成员中的一员。那一天，全网都在向他们祝福，让她感觉自己是世界是最幸福的人。

○ 执子之手，风雨同舟

2020年2月10日晚7时左右，由南方医科大学南方医院81名医护人员组成的首批支援湖北荆州疫情防控医疗队全体人员正在机场候机。队伍中，一对医护小夫妻因为时时刻刻都依偎在一起，格外引人注意。男的是心血管内科医师白煜佳，女的是消化内科医师王馨珂，两个人都有主动奔赴疫情前线的能力和勇气，但又都不忍心对方独自前往，最终决定携手同赴前线。女儿不满3岁，只能托付给爷爷奶奶，但王馨珂相信这个有爱的家庭可以照顾好她。

白煜佳是原广西独立师抗战老兵白晓石的儿子，有着强烈的爱国情怀和职业的使命感，复杂的疫情需要他的专业能力，但他觉得身为丈夫，妻子也同样需要他的陪伴与照顾。

最终，同为医护人员的这对夫妻，选择在这场看不见敌人的战役中，共对艰险。

“媳妇儿，我会好好保护你的，咱们一起加油！”白煜佳对妻子深情地说道。

○ “最熟悉的陌生人”

“你是陈炳？”

“你是小奇？”

医院的走廊里，一个推着医疗仪器，一个推着护理车的两个人穿着厚厚的防护服，透过护目镜，互相略带迟疑地指了指对方后，张开双臂，紧紧拥抱在一起。

2020年2月4日，这温暖而特殊的一幕被浙江绍兴人民医院隔离病房的监控录像记录下来。陈炳和徐小奇这对抗疫医护夫妻，尽管在同一个医院，却因为各自不同的工作而5天未见。厚厚的防护装备让他们看上去“面目全非”，如果没有眼神的确认，他们这时似乎都成了“最熟悉的陌生人”。

也许他们也曾想过太多方式和场合的见面，却没想过，最后的相认，是在医院的走廊里，是透过护目镜，彼此的眼神和问话的确认。

两人短暂交流后，各自仔细检查对方的防护装备，短短20秒的拥抱过后，又都各自回岗，继续工作。那一刻，被保护的我们才意识到，穿上白大褂他们是医生护士，脱下防护服，他们也是千万家庭中最为普通的一对夫妻，也有时刻想念自己的儿女，有需要照顾的老人。

儿子14岁了，身为父亲，徐小奇身在隔离病房无法回家，就以“云指导”的方式辅导孩子作业。这期间，陈炳母亲因脊椎骨折要做手术，怕妻子担心，陈炳一直隐瞒老人住院的事情，直到母亲术后康复才最终告诉妻子。

2020年3月25日，徐小奇的隔离期到了，较早结束隔离期的陈炳带着儿子到隔离点门口迎接妻子回家。自此，距离上次走廊的拥抱已经又过去50天了，现在，他们一家三口终于互相拥抱在了一起。

“不是一见钟情，却是‘疫’见真情。”在朋友圈里，徐小奇这样写道。

○ 5分钟的婚礼

2021年2月1日是四川护士王玥玲和消防员秦笃山早已确定好了的婚礼日期，但疫情使得他们必须各自奔赴疫情一线，最终取消了婚礼。

这个遗憾让医院的同事们记在心头，他们最终帮助王玥玲筹办了一场特殊的婚礼。2021年2月1日晚7点，新娘王玥玲带着头套和口罩，身穿粉色护士服，与视频那端身着火焰蓝制服的秦笃山，在护士长的简单证词中，完成了这场特别的隔空婚礼：

“请你们通过视频，望着彼此的眼睛。

你愿意尊重她，照顾她，谦让她，陪伴她一生一世，直到永远吗？”

“我愿意。”

2句话、5分钟，以护士长的宣布开始，以新郎的“我愿意”结束。

没有洁白的婚纱，没有闪烁的灯光，没有暖心的音乐，一场5分钟的婚礼却完成了彼此一生的承诺。

曾经在老电影中才能涌现出的硝烟中的革命爱情，今天在疫情战役拉响后又以这样特殊的方式再现，他们用自己的方式感动了世界，也用自己的使命保护着我们每一个人。

○ 承诺或者守候，每个人都以一种方式在爱

“赵英明，平安回来！你平安回来，我保证包一年的家务！——听到没有？”即将启动的医疗大巴上，护士赵英明听到平日不善言辞的丈夫，带着哭腔的隔窗呼喊，背过身去，悄悄抹着眼泪。

妻子在医院工作，她顶着寒风从院门出来，远远看到丈夫将帮她带来的换洗衣服放在距离他一米外的安全距离。

妻子拿过衣服，看着丈夫，两人默默相望，内心不舍。

丈夫以隔空拥抱的姿势，在一米之外与她相拥，然后挥手，让妻子快快回去，以免着凉。

年过八旬的一对老夫妻相继感染，病房里，病情相对较轻的爷爷给奶奶量体温、喂饭，陪她聊天，照顾得无微不至，似乎忘记了自己也是病人，也是一位高龄的老人。

“海上升明月，天涯共此时；情人怨遥夜，竟又起相思……”奶奶又将一份新写的情书通过医生送给老伴，当然，还有一份老伴最爱吃的猕猴桃。

“亲爱的老伴，”这是每一封情书的开头。

“加油！”这是每一封情书的结尾。

2021年2月4日凌晨，武昌和平大道上，汪荧鹤已经第八次开着车，打着车灯，默默跟在妻子身后，为她照亮前方的路。

妻子汪晓婷是武昌医院发热门诊的医生，因为担心感染丈夫，她执意步行上夜班。

“你守护病人，我守护你！”他用一路温暖的车灯作为陪伴，照亮爱人前进路上的黑暗。

丈夫白天外出防疫，晚上回来，妻子从楼上用绳子吊着酒精下来给他消毒。

“我们不怕，家里的人等你回家，只希望你能平平安安地回家就好。”

“你花呗这月有多少要还？”男孩问。

“2000多。”女孩答。

“还有别的吗？”

“没有了。”

紧接着，女孩收到了男朋友给自己的转账。

平日大手大脚惯了的女孩，这疫情时期忽然影响了收入，以至于担心起待还的花呗清单。没想到，细心的男孩主动帮她承担了这份债务。

也许，男孩也不宽裕，也许，这辈子可能除了爸爸妈妈，他给的钱才花得有那么一点心安理得。

爱与被爱，我们都是普通相爱中的一员。

突如其来的疫情让我们短时间陷入了混乱，忽然发现很多计划还没有开始，喜欢的人可能一时无法见面，自己偷偷在意的那个人可能正处在情绪焦灼当中。

但经过了这段时光，我们会更加珍惜那些普通却又甜蜜的日常，依然确定彼此深爱这件事。

有朋友说，疫情原因不能相聚的两个人，居然又开启了恋爱阶段的“电话粥”模式，有时通话记录居然是几个小时，有时微信文字沟通，可以是连续的一整夜。在不好的日子里，所有的来自对方的只言片语都是那样让她感觉安全，感觉被爱。

重读《霍乱时期的爱情》后，我放下书本，想着还有擅长厨艺的老公陪在身边，这是何等幸福的一件事。

从2020年到2021年，每个人越来越能面对生活的不完美，越来越珍惜彼此相拥的每一天；2022年，期待每个人都能迎来更好的生活，愿国泰民安！

PART ❸

悦己·悦人：身心俱美，自带光芒

真正能够从生到死、不离不弃一直陪伴在我们身边的人，只有一个，那就是我们自己。照顾好自己的身心，成为自己的支持、依靠、力量的源头，爱自己，这才是最深的浪漫！当我们先将自己面前的杯子斟满，心满意足地快乐了，自然就能将满溢的福杯分享给周围的人，也能快乐地接受别人的给予。这时的你，身心俱美，自带光芒！

好身材就是你的实力

身材如一张名片一般，折射出一个人内在的品质、阶层、素养和习惯。

一天，我看到美女编辑雪儿更新了朋友圈的新动态：不瘦20斤绝不换头像，不瘦10斤不碰对象！看来减肥的决心很大啊！她还在朋友圈里号召大家监督她。不知不觉过去了好几个月，有一天无意中发现她的头像换了，就赶紧采访一下减肥的心得，谁知道她说："减肥永远是女人嘴里的Flag，生命不息，减肥不止。"

○ 为何减肥这么难

接下来，她和我诉说了她的减肥历程。

"当我决心减肥的时候，知道减肥的要诀是管住嘴，所以我开始把爱吃的面条、米饭和蛋糕换成了粗粮，以前爱喝咖啡、奶茶、冰饮，后来天天抱着白开水，以前看见美食两眼放光，后来吃个水果，内心要斗争半天。谁喊我去聚餐，我就只回‘不行，不吃，不去！’本来是想和肥肉斗争到底的，可是，一天下来，饿得头晕眼花，晚上还要给娃做一桌色香味俱全的美食，这对中年老母亲来说，简直是最残忍的酷刑！后来没控制住，在吃饭的问题上失败了。

痛定思痛，我决定运动减肥，虽然运动减肥需要毅力，但考虑往里砸点钱，就会有动力！于是，我买了瑜伽垫、健腹轮、跑步机、速干衣、运动鞋、运动水壶、运动手环、运动臂包，准备操练起来！最终，瑜伽垫成了孩子的玩具垫，健腹轮成了老公的足疗器，跑步机上晾起了衣服……

后来，我准备加入跑步大军，结果——情绪酝酿一整天，实际跑步10分钟！公园转悠一圈，发了朋友圈就算打卡了。我的真实感受是：气喘嘴干腿灌铅，跑步减肥太艰难！

各种措施都失败了，我想必须要对自己狠一点！于是，花6000元办张卡，准备在健身房里一决高下。结果，体重没降，撒谎水平直线飙升！一想到健身房里的痛苦，就不愿意去了，教练一催去健身，我就借口说大姨妈来了，有一次，教练回复我说：一月来三回吗？！还有一次我撒谎说生病了，结果教练留言说：“没看到我刚在你吃火锅的朋友圈下面点了赞吧？”

明白了！减肥千万遍，依然如初见。雪儿的减肥经历是大多数人减肥失败的写照，的确，减肥看似很简单的原则“管住嘴，迈开腿”，但是好的身材需要极强的自律和意志力，而雪儿在减肥过程中遇到的美食诱惑以及腿灌铅的那些痛苦，正是很多人迈不过去的门槛。

○ 这是一个身材取胜时代

上海某著名私立学校曾有一则招生通告让家长们炸了锅，原因是招生通告上明确指出：入学的一年级新生，学校要面试他们的家长，看家长身材，肥胖的家长，学校不考虑让其子女入学。

这则新闻说明，以身材取胜的时代已经来临！肥胖，不仅谈恋爱时遭嫌弃，找工作时受歧视，结婚生子了，以为可以不受身材的影响了，没想到还能影响到下一代。

有赞同的家长说：肥胖，意味着自我管理能力差，自己管理不好，怎么有能力配合一流的教育，怎么能给孩子做榜样，想让孩子优秀，自己不优秀怎么能行？

如今，身材已经成了社会等级的无声宣言，是判断一个人身份的最简单办法。保罗·福塞尔在《格调》一书中说："一百年前，肥胖是成功的标志。但那样的日子已经一去不复返了。今天，肥胖是中下阶层的标志。与中上层阶级和中产阶级相比，中下阶层的肥胖者是前者的四倍。"

CCL领导力调研也表明：《财富》500强公司的首席执行官中找不到一个体重超标的人。因此，依靠自己优雅的身材和强健的身体素质而活在社会上游的人，并不偶然。

在我国疫情期间起到关键作用的终南山，虽已耄耋之年，但是身材健硕、精神干练，手臂上的肌肉线条，让多少年轻人都自愧不如。

不老男神能在临危之际挂帅上阵，得益于他数十年如一日的运动。钟南山从小就喜欢运动，足球、篮球、跑步都有涉猎。后来，在毕业参加了工作之后，钟南山也一直坚持着运动。在繁忙工作之余，他也会每周抽出三四天时间锻炼，每次40分钟到50分钟。

杨丽萍是我们大家熟知的舞蹈家，她的自律更是上升到了一个高度。曾经有人在练功室里问她："你这么瘦，每天吃多少食物？"她打开自己的饭盒，一小片牛肉，半只苹果，一个鸡蛋。这就是她所食用的午餐，还是在高强度、不间断的舞蹈训练情况下。有人继续问："饿不饿？"她则回答："热量已经够了。你看我还不是照样跳舞，从没有倒在台上。"为了让身材不变形，更好地投入她所热爱的舞蹈事业，她甚至放弃了怀孕生子。

这些生活在高处的人们，背后付出的，是常人所无法克服的惰性，无法征服的挑战。

好的身材与健康紧密相连，如果放任肥胖，恐怕不止是横向发展这么简单，随之而来的，可能还有体能差，高血脂、高血糖之类的健康问题。因此，即便是在职场，人力资源部门也会优先选择身材更好的人入职。

我曾供职的某家教育机构，员工都是清一色的美女帅哥。和负责招聘的校长一起交流招聘情况，我发现除了业务能力之外，她对身材和相貌的要求非常之高。她告诉我，因为大家都要广泛地面对家长和学生，并且，经常要在各种活动宣传时做整体的形象展示，对员工外表的要求必须要高。学生对老师的好感与形象很相关，因此，不仅要身材好，女职员在进入工作场所之后，还必须穿高于三厘米的高跟鞋，男士一定要西装革履，皮鞋领带的标配，全员尽量达到空姐和空少那样的气质。

有一段时间，机构破例招聘了一个很肥胖的姑娘，因为这个姑娘业务能力确实超强，刚好机构也缺人，需要人手赶紧补上，因此胖姑娘成了机构里唯一一个体重超过120斤的人。胖姑娘虽然业务很好，但是在这里工作了三个月后还是被解雇了，最直接的原因是在一次重要的培训中，她坐在那里竟然睡着了，还打了很大声的呼噜。后来校长私下里和我补充了更深入的考虑：在一次机构的聚餐中，她看到这个胖姑娘拿了几倍于别人的自助餐，最后剩下很多，已经这么胖了，还拿了一个大蛋糕大快朵颐，这些印象让她感觉这个姑娘实在缺乏自律，以后也很难在工作中交给她什么重要工作，而且有健康隐患。于是，当有了合适的人选后，她就被替代了。

所以，以身材取胜，也意味着只有健康的身体才可以胜任繁重的工作。

○ 自律的人都是狠角色

我们常说，三十岁之前的面容和身材是父母给的，三十岁之后，则需要靠自爱和自律来维护，才能让身材不走形，皮肤不松弛。

自律的人都是狠角色，他们一旦定下目标，便会雷打不动地坚持。当别人在暖和的被窝睡懒觉时，人家已经在寒冷的晨曦中跑步了；当别人蜷在沙发上一集一集追剧时，人家在桌边为了提升学历和多一份技能而学习；当别人在打游戏和网上商城闲逛时，人家在网上兼职卖货……日积月累，谁敢不承认这些勤奋又自律的人会与普通人拉开巨大的差距？

歌德说：“自律者自由”。我们身上的每寸赘肉，实际上都是我们向懒惰和生活妥协的标志。只有自律的人，才能抵制诱惑，克服惰性，才有可能跨越阶层，逆袭到更高的阶层。

参加完20周年高中同学会之后，小雨决定减肥瘦身，并且真的坚持了下来，三个月后成功减掉20斤体重。为什么一向以吃货著称的她能管住自己的嘴巴呢？这源于她在同学会上遇到了20年没有见面的昔日情敌雪莉。

当年雪莉和她都喜欢班级里的学霸班长，虽然班长最终在岁月的长河中选择了别人，但是小雨始终记得自己和雪莉暗暗较劲的岁月。

如今的20周年聚会，大家都如约而至，当年自己的心上人，现在却已经大腹便便，竟然明显地秃顶了！而让自己惊讶不已的是雪莉的出现，她身材妖娆，妆容精致，服饰得体，看上去要比同龄的女同学们年轻五六岁！并且听她介绍，她现在还是知名公司的高管。

反观自己，小雨感觉自惭形秽，生了孩子之后，体型任其发展，即便是为了同学会买了件昂贵的裙子，但是自己腰上的赘肉还是非常明显，这个身材，让自己感觉自己已经沦为了油腻的中年妇女！

过去默默无闻的雪莉成了同学们的焦点人物，大家纷纷向她讨教保养的秘诀，甚至有的女同学向小雨耳语，邪恶地猜测雪莉是不是靠男人上位的。雪莉翻开手机里的一张翻拍的老照片给大家看，她告诉大家，其实过去自己皮肤黑，也很胖，工作没有什么起色。后来在生完孩子后坚持了三年的运动健身和化妆学习，尤其健身减肥让她每次都累得爬不起来，但因为一直坚持，所以才与过去的自己彻底告别。

听她这样带有自信底气的表述，小雨心生敬佩。良好的自律性不仅仅带来让人赏心悦目的外表，更代表着内心的一种品格和精神！过去在读书时，小雨不觉得自己比雪莉差什么，而如今，自己真的落后雪莉太多了！不得不说，自己身上的每寸赘肉，都是向懒惰和生活妥协的标志。于是，在这场同学会上，小雨就决定要改变自己，希望下一次同学会，她能把落后于雪莉的差距追赶上来！如果自己不向生活妥协，一定也会收获不一样的自己。

有人把自律的过程叫作修行，也有人把它叫作自我塑造。其实什么概念并不重要，重要的是付诸行动后，能看到变得更美更好的自己。

你流下的每一滴汗水，都会写进你成长的履历里。

一支口红，美我一生

口红是女人的枪，每个女人都该备着一把好枪；口红是女人的盔甲，即使身处枪林弹雨，也不怕遍体鳞伤；口红是女人灵魂的诱惑，涂最美的唇，找最爱的人。

作家张爱玲，小时候就非常喜欢口红，在得到第一笔稿费后，她就去换了一支口红回来。她喜欢了几十年也涂了几十年，她留下的遗物，除了手稿和假发，就是口红。“你们可以不施粉黛，可以素面朝天，但至少要涂口红，只要涂了口红，就能让整个人光鲜起来。”从这句话就可以看出张爱玲对口红的钟爱。

口红对女人真的那么重要吗？

是的！

○ 女人怎么能不涂口红

杨杨是我曾经的同事，同时她也是公司里负责客户接待的专职人员。有时候她起床晚了，赶到公司里时还来不及化妆，打完卡，她立刻就从包包里掏出镜子涂抹起口红来，一旦鲜艳的红唇被勾勒出来，前一秒还暗淡的容颜整个就变得生动起来，气质上也是活力四射。监督大家涂口红、穿上最时尚的职业装和高跟鞋是杨杨的工作。

有个面试失败的女人沮丧地走进一家咖啡馆。店里的人不多，坐在她对面的是一位上了年纪的英国老妇人。她仔细端详着眼前这位涂抹着大红色口红，身着高跟鞋和高筒丝袜的老妇人。优雅得像伊丽莎白女王的老妇人回看了她一眼，然后拿起笔，在桌上的一张便条上写下："洗手间在你的左后方拐弯。"

得到提醒的女人在洗手间的镜子前看到的是面色憔悴、双唇发白的自己，忽然想起自己连一点点口红都没涂就出门了。

这段经历后来写在了女人的自传里，她总结道："当时我第一次觉得不被尊重是应该的。我也终于明白，为什么那家公司不肯聘用我。"

这个女人就是杨澜。的确，那些双唇红润的女性首先在印象分上就加分不少，而对于双唇惨白、不修边幅、匆匆忙忙的女人，忐忑和自卑就成了无法辩解的第一印象。

杨澜最后提炼了一句很经典的话，在形象管理界的从业者们中广为流传："作为女人，你必须精致，因为别人没有义务必须透过连你自己都毫不在意的邋遢外表去发现你优秀的内在。"

奥黛丽·赫本也警告过女人们："不涂口红的女人没有未来。"

○ 口红的邪魅历史

口红曾在中世纪的欧洲，被称作“撒旦的化身”，因为口红具有迷惑男性的魔力。英国国会还出台法律，规定但凡利用口红和香水诱惑男性结婚的女性，都要受到惩罚。

口红因为性感而背负的罪恶终止于20世纪，美国率先成立了销售化妆品的百货公司，才使得口红渐渐走进普通大众的生活。随着社会经济的发展，口红伴随着女性社会地位一同提升，它从邪恶的性感渐渐蜕变成女性纯粹的自我愉悦和外在形象的包装。

涂抹口红的权利来之不易！我们怎能不珍惜？

○ 口红是女人的精神支撑

口红就有这样的魔力：涂上一层就有了精神，激发生活的激情，仔仔细细擦口红的人，就不会允许自己头发是油的，衣服是皱的；也不会允许自己背是驼的，表情是无神的——我的口红这么好看，我要对得起它!这是一种生活的态度。

如果你想要光鲜骄傲的姿态，口红能给。涂口红不仅悦人，更为悦己。不过这姿态不是所有人都摆得出来的，不爱自己的不会涂；不了解自己的不会涂；忙到无暇顾及自己的不会涂；不会生活的不会涂；矜持含蓄到骨子里的也不会涂。

口红暗示着审美以及生活态度。不同色号的口红彰显女人独一无二的风格，千变万化的口红也是每个女人树立自己个性的开始。

性感女神玛丽莲·梦露曾说：口红就像时装，它使女人成为真正的女人。

口红应该是女人的第一个化妆品，它的作用可不只好看这么简单，必要时，它甚至可以作为女人的精神支撑。

○ 口红是女人征服男人的利器

口红的颜色、款式多得如夜空中的星星，可不论是暖色系还是冷色系，对女人而言都是利器，是一种强有力的“保护色”。口红作为女人的第二件衣服，犹如盔甲般，只要涂了口红，就能“所向披靡”；只要涂了口红，就多了分应对“外界”的底气。

口红不仅可以帮助你精神饱满地决战职场，在情场，更是发挥着无可替代的作用。一项2010年的科学研究指出，涂了口红的女人会得到男人“更长时间的注视”。2012年的研究则发现，涂了口红的餐馆女侍者会从男人那儿拿到更多小费。

涂口红的女人都性感，男人懂，女人更懂，要不在《低俗小说》里，乌玛·瑟曼怎么不露胸不露腿，靠吸血鬼色的红唇就能成为大众情人？还令香奈儿的同色系口红销售一空。

电影《色戒》里的麦太太，想尽办法吸引易先生的注意，她在和易先生吃饭时，不动声色地在杯沿上留下了自己的唇印，含蓄的诱惑一下让阅人无数的易先生内心一动。

女为悦己者容，每个女人都希望在喜欢的人面前展现自己最美好的一面。所以作家大仲马会略显夸张地在小说里加入这样的描写：“没有口红，她站在镜前，努力咬了咬自己的嘴唇，让它看起来红润些，这才下楼去见他。”

睡好，才有美人

认真对待睡眠的女人，在生活中必定也是足够爱自己的。为了让自己的睡眠质量更高，聪明女人会为自己营造最佳的睡眠环境，精心布置自己的房间，选择最舒适的床上用品，点上自己喜欢的香薰，让自己的“小窝”安静又舒适，然后伴着香气进入梦乡。

好的睡眠是最神奇的化妆品，如果睡得好，第二天皮肤就看起来透亮而白净，面色红润有光泽，眼神灵动，头发都会柔顺很多，长期坚持早睡的女人看上去元气满满，自有美人状态。

而那些作息混乱的女人，脸上总带着疲惫和憔悴，气色越来越差；挂着的黑眼圈，用再好的遮瑕膏也遮不掉。气色差了不说，不规律的作息会影响人的思维能力和情绪反应，会让人的心态越来越消极，脾气越来越暴燥，久而久之，会严重影响生活质量。睡眠不好，简直就是美丽的天敌！

睡眠质量差，伤害的不仅是美丽，更是我们的生活。梅子就因为长期的睡眠问题，最后只能从北京回了老家，她说可能是北京的工作和生活的压力太大了，搞得自己晚上总是失眠，一晚上睡睡醒醒好几次，早上起来头昏脑涨、迷迷糊糊的，这样的状态更是无法应对第二天的工作。长此以往，真是令人崩溃！

夜越深沉，头脑就越清醒，辗转反侧，睡不着直到天亮……随着工作和生活的压力日益增长，越来越多的人正饱受失眠的困扰。在心理咨询工作中，我也经常遇到因为各种心理问题而导致失眠的案例。

不过，也有的人认为自己失眠了，但是其爱人却否定说："你睡得好着呢，我一直听到你打呼噜。"那么，失眠的标准是什么呢？

失眠主要表现为入睡困难、睡眠维持困难以及早醒。入睡困难是指上床后30分钟内无法入睡；睡眠维持困难是指睡眠中频繁醒来，且醒来后再次入睡困难；早醒是指比平常醒来的时间提前2小时以上。有以上三种表现的任何一种表现，就可以认为是失眠。

其实，很多失眠是我们人为造成的，我们也可以通过一些自助技巧，来帮助自己改善睡眠质量。

○ 丢掉让自己掉进陷阱的错误观念

我整天想着睡觉的问题，今晚一定要努力睡着。

睡眠是一个很自然的过程，正常人入睡常在不知不觉中发生，反而你越想睡觉，就越睡不着。对于睡眠的过度关注是引起失眠的重要原因之一。有些人饱受失眠的痛苦，把全部的生活重心都围绕在睡眠上，白天大量时间思考睡眠，晚饭后做各种功课促进睡眠，无形中让自己处于一个高度警觉的状态中。这会造成躺到床上后各种感官系统是高度忙碌的，对于环境中的细微响动随时捕捉，不自觉地反复判断自己有没有睡着，仿佛一个全副武装的哨兵在观察有没有敌情。如果你正处在这种状态，请一定要放下这份担心，心境坦然、淡然才是启动睡眠的正确姿势。

我在床上的时间越多，才越有机会能随时睡着。

因为睡眠不好，想专心睡觉，于是推掉了一切社交，天一黑就上床。上床以后睡不着，就在床上看书、看电视、看手机，或者想着明天的工作计划……其实这种行为非常不可取，哪怕有一次真的较早就睡着了，但整体来看，长时间卧床会使睡着的时间越来越少。

要想睡眠质量好，就需要把床单纯用来睡觉，而不是消耗在其他的事情在上面，把睡眠和床建立好一对一的关系。健康的睡眠模式是：我困了，进卧室上床。我们看到床会条件性地产生睡眠的欲望。错误的行为模式则是：在卧室或者床上完成和睡觉无关的事情，久而久之，当我们看到床的时候，身体做出的回应就不一定是睡觉，还可能是沉重的情绪压力，启动睡眠的几率会越来越小。

所以，越是睡不好，越是要维护床与睡眠之间强有力的条件反射关系，只在有睡意时才上床。

我晚上做运动，把自己累睡着。

适当的体育活动的确有助于睡眠，但活动的时间却很有讲究。午前的运动有助于促进睡眠，但下午3点以后高强度的运动却会升高体温刺激神经，不利于人体进入睡眠。所以，有入睡困难问题的人最好不要晚上安排高强度的体育活动，比如跑步、打篮球等。除了体育活动，高强度的脑力活动也会使体温升高、呼吸心跳加快，妨碍入睡。

如果不睡足8小时，第二天就不可能精力充沛。

每个人对睡眠的需求量是不一样的。

虽然国际卫生组织（WHO）公布的数据显示，平均睡眠时间在6～7.25小时/天的人群最为健康、平均寿命最长。但这并不等于我们每天都要睡到那么长的时间，这个数据只是一生中的平均值。

不同年龄阶段对睡眠的要求也是不一样的。婴幼儿时期睡眠可达12～20小时/天，儿童期10～12小时/天，青春期以后8～10小时/天，青中年期6～8小时/天，进入老年期以后每天的睡眠需求可以降到6小时以下。

我们的睡眠也随着季节波动，正所谓“春困秋乏，睡不醒的腊十八”，可见冬、春季节是人体睡眠需求较多的时间。处于北半球的我们，秋冬季节来临后日照时间逐渐缩短，人体在黑暗和寒冷的环境中容易进入睡眠。而在燥热的夏季，阳光充沛，白天长，晚上睡眠的时间会缩短，需要午睡来补充。

因此我们说，健康人的睡眠时间是有波动、有弹性的，千万不要刻意追求睡眠时长。

○ 睡前拒绝沾染“兴奋剂”

咖啡因

有睡眠困难的人，睡前6～8小时要避免摄入咖啡因，如咖啡、茶、巧克力、可乐饮料以及含咖啡因的药物。

药物

有些药物可能是造成失眠和不安的原因，如抗忧郁剂、甲状腺药物、减肥药等。

酒精

睡前一杯酒，可能让你想睡觉，但是也可能会扰乱深度睡眠，让你在夜里醒来。

尼古丁

有烟瘾的人往往比较难入睡，而且睡眠中断的情况也比不抽烟的人多。这是因为睡眠期间血液里的尼古丁含量降低，所以干扰了睡眠。

食物或饮水

睡前尽量避免吃很多东西，睡前几小时也要减少喝水的量，以免半夜起来上厕所干扰睡眠。

○ 听催眠曲有助于放松和入睡

对于有焦虑情绪而无法入睡的人来说，睡前听一听催眠曲，是非常合适的。轻柔舒缓的催眠音乐，有利于缓解焦虑情绪和应激反应，也有将注意力从难以入眠的压力中分散出来的作用，这可以帮助人进入放松状态从而改善睡眠。

一般曲调柔滑、节奏舒缓、响度轻柔的乐曲都具有催眠效果，或者静静聆听来自大自然的声音，如海浪声、下雨的声音等，也有自我放松、愉快进入梦乡的效果。

○ 芳香精油可以助眠

最后，要记得还有芳香精油可以助眠。可以助你好梦的安神精油有很多种类，比如薰衣草、罗马甘菊、甜橙、杉木、檀香木等等，都可以在卧室使用。根据卧室面积每5平米一滴的剂量原则来使用，只要在一大碗热水里滴入这些精油中的任何一种，放在床头柜上，我们就能在周身萦绕着美好安适的香氛中，进入甜蜜的梦乡。

好的睡眠代表了健康，不重视睡眠就是在透支我们的健康，钱没了可以再挣，事没完可以再办，但是健康没了，一切就都没了。《我是演说家》节目中的26岁美女律师周西，在录制节目期间突然查出卵巢癌，由于自己生活作息不规律才导致年纪轻轻还没有来得及绽放生命就要凋谢了。爱自己的女人应该引以为戒，挥霍健康的代价是我们承受不起的。

懂得好好睡觉的女人都是内心特别坚定的人，懂得自律，能够管理好自己的时间，不会用熬夜来透支自己、填补空虚。她们能够严格掌控自己的生活和时间，有明确的目标，有一颗强大的内心，正因为能做到从容淡定，所以才会有高质量的睡眠。

好好睡觉的女人都是聪明的女人，好好睡觉的女人才有美好的未来。

唤醒品味生活的感官

如果想创造生活情趣，提高生活品质，永葆快乐和童真，最简单的方法就是学着去控制身体和感觉。当然，当你感觉不快乐、沮丧、厌倦时，也要运用自己的身体，让自己的身体器官去重新制造快乐、感受快乐。

生活在繁华的都市中，你是否每天忙着通勤，错过了日出和日落的壮丽；在万家灯火的夜晚，你心里想着明天的方案而错过了满天的繁星；回到家里，只能匆匆煮一煮超市买来的速冻食品；第二天，你又在车水马龙的马路上听着来往车辆的喧嚣声和远处建筑工地上钻土机的轰鸣声……文明的发达反而剥夺了我们太多的感官能力，令人不懂得欣赏令人心旷神怡的大自然美景，没时间静下心来倾听平抚人心的声音，鼻子和舌头麻木，不识芳香、不辨美味……

人是通过感官来接收外界的各种信息的，如果我们的感官获得的刺激是快乐、积极的，便能将这些快乐的信息经由神经，传送到大脑的中枢神经系统，进而改善情绪和意识，保证我们生理器官的健康。

也就是说，如果想创造生活情趣，提高生活品质，永葆快乐和童真，最简单的方法就是学着控制身体和感觉。当然，当你感觉不快乐、沮丧、厌倦时，也要运用自己的身体，让自己的身体器官去重新制造快乐感受快乐。如果留意身边微小的事物，就能拥有积极的情绪，成熟地面对日后生命中的挫折和困境。

○ 视觉之美

有一群自愿受试者被安置在一个压力极大的环境里，当他们的血压上升到一定的指数后，首先让他们注视一面空洞的白墙20分钟，接着再凝视有热带鱼自由畅游的水族箱20分钟。研究发现，注视热带鱼时，受试者血压降低，恢复正常，而注视白墙之后则没有任何血压降低的迹象。

另一批自愿受试者接受了另一个测试。他们先凝视空的水族箱20分钟，之后再欣赏一段20分钟的视频，视频内容是幽静的山林间瀑布倾泻而下的美好画面。实验结束后，人们发现，观看视频后每个人的大脑所分泌的快乐激素——胺多酚，比注视空水族箱的人高70%。

这就是不同的视觉内容会带给我们的不同心理以及生理感受。

生活在钢筋水泥丛林中的我们，家门口没有青草小溪，也没有壮阔的高山，但是我们不论住在哪里，都一定可以找到值得驻足欣赏的风景，哪怕是一小片街心公园，我们都可以看到蓬勃的绿树和热烈开放的野花，我们可以观察树上的鸟巢、蓝色晴空里白色的云朵、迎风摇曳的小草……把它们美丽的样子拍摄下来，有时间还可以作为留存的图像观赏。

我们也可以在室内创造视觉之美，比如在墙上挂一幅美丽的大自然图画，收集一些漂亮的石头、形状奇特的树叶，在路上随手摘些野花插在家里的瓶子中。

随着心情以及季节的变化，我们也可以通过变换室内的色彩来创造视觉的享受。餐桌上的台布、起居室的床单和被罩、沙发上的可爱抱枕等，都可以是我们调换和搭配的对象。

诗曼就是一个特别富有生活情趣的女子，她很喜欢用鲜花装点自己的房间。原本她买了十多个花瓶，后来发现装饰太多，反而没了重点。最后她只保留了三瓶花，进门处一瓶，回家抬头看到鲜花招展，外面的烦恼便抛到九霄云外；走廊拐角处一瓶，因为走廊墙壁颜色单调，一瓶鲜花静静绽放，衬托出一种雅致的美；卧室一瓶，睡前和醒来都可以看到美丽的花儿，就会心生欢喜。

诗曼的办公室，也是日日有鲜花装点。诗曼在网上团购了包月鲜花，于是，在每周的固定时间，都会有人送来新鲜的花卉，天天看着花开满瓶，诗曼也跟着开心。

后来有了打理的心思，诗曼便注意挑选不同颜色的鲜花搭配，大自然有它的精妙安排，花草皆有灵性，长成的样子皆是他们最合适的样子，随意搭配一起，便让人赏心悦目。再后来，诗曼开始注意形状和空间，挑选新颖奇特的搭配，图个感官之乐。

其实打理花的过程比单纯欣赏更加美好。订购的鲜花、未送达前的期望、收到花后的喜悦、一点点减枝和搭配的关注、观赏时的喜爱之情，花逐渐凋零的惋惜，这些过程中人始终处在一种平和、喜悦的状态中，而这些过程也如花一样，皆是具有美感的。

○ 倾听之乐

声音，作为一种通用的情感语言，也是我们情绪的催化剂。无论是洗碗、休息，还是工作的时候，只要配上最心仪的音乐，好像就能填补心中空缺。

有很多研究显示，音乐可以增强人体的免疫能力，影响呼吸频率、血压、胃收缩、荷尔蒙分泌指数以及大脑电波。中医心理学讲："音乐可以感染、调理情绪，进而影响身体。在聆听中让曲调与情志、脏腑之气产生共鸣，达到鼓动血脉，通畅精神和心脉的作用。"当音乐振动与人体内的生理振动（心律、呼吸、血压、脉搏等）相吻合时，就会产生生理共振、共鸣。

我曾经在公园里见到一位老人独自跳舞。她随着音乐以及歌词自由创造动作，调皮的眼神、略带夸张的动作，身心完全与音乐合为一体。在休息的时候，老人告诉我她已经七十多岁了，并且一个人生活，她每天要随着音乐摆动，帮助自己伸展肌肉和消耗脂肪，当然更是为了开心。我不敢相信，眼前的这位老人怎么看也就只有五十多岁，大家也都被她所感染，纷纷与她合影留念。

我们也可以用一些方法来利用音乐调节自己的情绪。比如，我们可以在网上选择欢快的乐曲，然后闭上眼睛认真倾听并记忆，当我们不开心时，就可以在脑海中“播放”这些熟悉的曲子，只要需要，我们就可以用这些音乐来创造出类似的快乐感受。

○ 触摸之情

触摸是一种沟通方式，抚摸、拥抱，依偎，让人感觉到安全和亲密，这是一种不可名状的感觉，更是身心满足中最深的层次。

二战时，许多婴儿被送到了孤儿院。尽管孤儿院给予了足够的温饱，但大部分婴儿还是去世了。大家都觉得很奇怪，推断婴儿可能是死于细菌或疾病传染。于是政府规定：照顾婴儿的修女，要与孩子保持距离，并在婴儿床之间隔上布帘。但情况并未好转，婴儿依然一个接一个地死去。只有一个孤儿院养育的婴儿，死亡率特别低。于是一位医生偷偷前去调查，结果发现这里的一位修女违反了规定，她每天晚上值班的时候，都会抱起一个个婴儿，进行温柔地轻抚和按摩。

20世纪，精神分析学家勒内·斯皮茨在《医院制度》一书里记录了他在育婴堂观察到的现象：“那些仅仅获得食物给养的弃婴，由于没能获得养育者的触摸和情感互动，会变得异常安静、孤僻和忧郁，很多婴儿不到一周岁就死亡了，一部分婴儿虽然活了下来，但难以像正常孩子那样发育，甚至不能坐、立和交谈。”

由此可见，触摸对于一个人来说是多么的重要！可惜的是，快速变动的社会结构疏离了人与人之间的关系，有了婴儿推车，大人也就不必再去抱孩子，甚至有的父母触碰孩子的目的不是为了安慰和表达爱意，而是控制和管教。

如果你好久没有被人好好抱过了，不妨在伴侣进门后或者离家时，给他一个紧紧的拥抱；睡觉前，和孩子温柔地说一会话或者讲一个故事给他听，然后轻轻地搂着他入睡；在工作的间隙，为同事揉一揉僵硬的肩膀，身体的链接能瞬间拉近你们的距离……毕竟，当我们拥抱他人的时候，也同样会被他人所拥抱。

当然，触觉的接触并不只是人与人之间，我们自己也可以和其他事物建立美妙的触觉互动：

脱掉鞋子和袜子，踩在沙滩上；

漫步穿过拍来的海浪；

赤脚在泥塘里捉小虾、小蟹；

细雨中，感受清凉的水珠打在身上的舒畅；

暖阳里，让太阳热热地晒着自己的后背；

泡个热气腾腾的精油浴，享受全身肌肤被水体贴呵护的感觉；

触摸粗糙的树皮、细腻的花瓣、冰凉的石头；

……

唤醒品味生活的感官，快乐就会来得容易得多。这里说的感官，不仅仅指视觉、听觉、触觉、味觉和嗅觉，而是你身体的所有器官，甚至是每一个神经末梢。

当你感觉不快乐、沮丧、厌倦时，要立马想到可以运用自己的身体，让自己的身体器官去重新制造快乐。

带自己去看一场电影，听一场演唱会，出去跑一次步，喷洒上爱闻的香水，呼吸一次新鲜空气，享受一次美食，去抚摸一下可爱的小动物，找爱的人拥抱一下。当你学习着让自己的感官去吸收你所喜欢的信息，就能提升自我的精神能量，获得愉悦的心情，享受身体带来的乐趣。

别忘了，身体也是一个能帮助我们制造快乐的工具！

在无聊的时光中找到有趣的灵魂

如果你觉得生活无聊，那是你的问题，不是生活的问题，因为生活一点都不无聊。植物、动物、各种事物都很有意思。要驱散无聊感，你需要去感受身体、感受情绪、感受生命的脉搏。

因为工作被炒，因为想彻底休息，因为肆虐的疫情……不论什么原因，有时候我们会主动或被动地进入到“闲置”的状态中。这段时间里，我们相当“有空”、无所事事，于是，很容易成为“无聊之病”的感染者。晚睡晚起，作息混乱；饮食不定，胡吃海塞；刷完手机就躺着；看似忙碌，一无所为；沉溺无助，煎熬自责……这些都是“无聊之病”的典型症状。

在2020年的新冠疫情期间，表姐在家族的姐妹微信群里说：奇怪了，过去我工作的时候，就算工作到半夜，还要再挤出时间看书、学习一会儿，现在有大把的时间了，却什么书都看不下去；表妹则说：睡觉去了，昨天晚上本想睡觉前追一集剧，结果看了一个通宵，这阵眼睛酸到不行了。

窝在沙发里刷抖音、打游戏，直到手机没电才被迫结束，这也是很多人的常态。关键是越玩越空虚，很多人不知道怎么办才好，更要命的是，有了时间，却找不到兴趣所在，或者找不到感兴趣的事，就连囤好的电影、电视剧都没心情看，剩余的精力无处可用，这滋味实在难熬。我曾经以为这是无聊，现在发现其实是懒到颓废的无趣。

○ 警惕掉入垃圾快乐的陷阱

有空了干什么？越来越多的人会拿起手机，上瘾般地沉浸在各种消遣中。尤其在新冠疫情这样的特殊情况期间，人们有大把的时间可以自由安排，更容易陷入其中。就像表妹说的，一开始就停不下来，从最初的寻乐变成依赖，从依赖变成上瘾。我们之所以上瘾，是因为这些事物能给我们带来短暂的快乐，但是之后我们又会被巨大的空虚所裹挟。这种快乐只能叫“垃圾快乐”，依赖这些垃圾快乐的人，是因为没有目标，或者没有朝着目标付出努力，才选择在短暂的“垃圾快乐”中逃避。

从心理学上讲，一个人之所以沉溺“垃圾快乐”，大多是因为无法面对内心深处的自己。我有一个朋友，他和妻子情感很糟糕，但是又因为种种原因不想离婚，他本人又是自由工作者，缺乏制度的管束。因此，他一旦心情不好，要么就在网上看他所热衷的足球赛，要么就去喝酒，而他越喝酒，他的妻子就越指责他，他们的关系就越不好。这样下来，不到两年，他们的积蓄都消耗没了，还到处欠朋友的钱。这个朋友说，只有他喝醉了，才会不去想那些烦恼的事情，也能好好睡觉。他之所以沉迷其中，就是无法面对自己失败的婚姻，而沉溺“垃圾快乐”越久，就越听不到自己内心的声音，然后进入无法自拔的恶性循环，离真实的自己越来越远。后来在很多朋友的帮助下，他强迫自己上了班，在单位制度的约束下完成任务，慢慢地他找到了工作中的自我价值，也对发展在社会前沿的事物开始产生兴趣。

这个朋友终于从“垃圾快乐”中解脱出来，但是，很多人却仍被裹挟其中无法自拔，尤其是网络制造的“及时性快乐”。如今网络大数据非常发达，能从各个角度了解我们的喜好，甚至我们如果没有刻意停下，就会不自觉地、无限制地一个一个刷下去，抬头看时间时才发现，一天就这样浑浑噩噩地过去了。

人一旦无法掌控自己的时间和行为，就会被其他人所掌控。这时候，就需要像这个朋友一样，强制自己进入一个制度内，先让体制规范自己的行为，结束自己自由散漫的状态，进行完这样一个过渡之后，才能慢慢找回自己人生的主动权。

○ 无聊易带来失控消费

除了刷手机和喝酒，面对无聊时我们还有一个常见的行为，也就是商家总在倡导的“买买买”。

从心理学的角度看，购物可以增加人对生活的掌控感。买东西时，我们占据主动的位置，面对众多的商品进行挑选。这个挑选的过程，是人最能体会到掌控力的，而商家客服的“甜言蜜语”，对掌握付款权力的我们进行贴心的服务，让我们瞬间拥有成就感。之后，我们关注着物流发出，到了哪个中转站，最后拿到手。拿到物品，用刀划开包装箱的那一刻，最是让我们愉悦。拿到新物品时小心翼翼地试用，拿到新衣在镜子前美美地试穿，这又会产生一段时间的快乐。虽然花钱也会给人造成压力，但是如今购物大多通过网络支付，虽然在支付订单时，会有一点点心疼，可到底比不过眼见人民币一张张变少的痛感，所以花钱的压力就缓解了许多。

网上有一个新闻说，某宅女控制不住地买东西，最后刷爆了信用卡。她说："一个人在家里的日子最重要也最快乐的事情就是出门取快递。"可是这些远远超出自己消费能力的物品真的是自己需要的吗？答案并不是。

这就好比当一个人在深夜吃很多零食的时候，他并不一定是因为饿，更有可能是因为孤单；当一个人早上不愿意起床的时候，他并一定是因为困，很可能是因为抗拒上班。同样，当一个人买很多东西时，不一定是因为他真的需要，很可能是因为焦虑、郁闷，又或者孤单的情绪无法排解，只好通过购物来发泄，而透支的经济，又进一步加大自己的现实困境。焦虑、紧张并没有真正的消失，反而，负债又会使我们增加很多新的压力。

○ 享受无聊，活在简单的当下

2020年新冠疫情期间，有人陷入无聊的空虚中颓废了自己，有数窗前的白云飘动多少下的，有数微风拂过树叶多少次的，有数小鸟飞过多少回的，有数花盆里的花抖动了多少下的，有数家里的地板有多少块的，有数地上掉的发丝有多少根的，有数出草莓有多少颗籽的……还有人给桔子做“剖腹产手术”，成功生产九胞胎的，还有人一人分饰四角，自己和其他的自己打牌……

“草在结它的种子，风在摇它的叶子，我们站着，不说话，就十分美好。”这种诗人眼中的的情境，会被无聊的人说成：“草结了987粒种子，叶子在动，我们不管行走坐卧，说话与不说话，都十分无聊”。因此，同样的环境，无聊者感受到的与那些有情趣的人感受到的完全不是一回事。

在工作忙碌的时候，我们都很渴望休息，可是当休息真的来了，尤其是长时间休息的时候，却不一定所有人都能享受得住。就像南怀瑾先生说的：“你们天天想求空，真的空来了，又被吓住了。假使有人能享受寂寞，享受无聊，他就是大丈夫。”

日本93岁的画家熊谷守一就是这样一个“大丈夫”，他主动宅在自己的小院子里30年，也没觉得闲得发慌。每天的生活看上去都一样：吃完早饭，戴上帽子，去院子里溜达；和花草说话；观察树枝上的小蝴蝶；坐在石头上看莲叶下的金鱼；趴在地上一下午，观察蚂蚁先迈哪条腿。宅在院子里的30年，他都是这样度过的。“无一物”是他的思维境界，也是他返璞归真的精神写照。看似无聊透顶，别人却理解不了熊谷老先生的乐趣。他把所有宅在家中所享受到的都描述在画里，日本天皇看到他的一幅画，甚至问到：“这是几岁孩子的画？”这何尝不是对老先生在“无聊”里领悟到的人生哲理“无一物”的最高赞赏！

○ 把无聊的日子过成值得回忆的日子

同样在新冠疫情期间，有的人进入厨房，研究和制作美食，自学成才成为了“中华小当家”；有的人在网上买来理发工具，给家人修剪头发，成了发型师；有的点亮自己的编织天赋，制作精美的手工艺品；有的整理自己的家庭相册，回忆过去美好的点滴瞬间；有的清理自己的家，给家里的东西来场“断舍离”；也有一些朋友，趁这段的时间开始整理工作中的经验，准备出版书籍……

梁文道在《悦己》中说：“读一些无用的书，做一些无用的事，花一些无用的时间，都是为了在一切已知之外，保留一个超越自己的机会，人生中一些很了不起的变化，就是来自这种时刻。”

1665年的英国，也发生过重大的疾病传播。大学停课，像牛顿这样的学生也只能待在家里。结果，漫长的18个月成为牛顿一生中最多产的时期，学者把这段时间称为“奇迹年”。疫情，是危机，同样也是机会，虽然我们不能和被上帝的苹果砸中的牛顿相比，但是，浪费一些时间，去做一些平时没时间做的、想做却一直拖延的事，比如去晒一晒八九点钟的太阳，种几株草莓见证其成长，人工孵小鸡和小鸭……

问问自己，是什么让你有蠢蠢欲动的渴望？

愿你在无聊里，找到有趣的灵魂，靠近想要的生活。

摆脱角色的束缚，活出自由的自己

年岁有加，并非垂老，情趣丢失，方堕暮年。

有一次我在乡下等车时，一个看上去年纪在五十多岁的女人向我走过来。她穿着一套白色牛仔服，扎着一个马尾，充满活力的穿着打扮与她脸上的皱纹形成鲜明对比，不仅在农村的乡土街道上非常显眼，就算在大都市也算特别。她确实与我印象中的五十多岁的乡村女性相差甚远，在我的印象中，五十多岁的女人们通常都肥肥胖胖，穿着暗色的碎花衣服，头发通常都剪成短发……

有爱说话的人主动过来搭讪：“哎呀，这个年纪还打扮成小姑娘的样子，给谁看呀？”看样子，搭话的人是认识这个特别的女人的，不过言语之中不乏有揶揄的意味。

“我从来不记着自己的年纪，也不觉得到什么年龄就一定要怎么样，我怎么打扮也不是给谁看的，只是让自己高兴！”

那一刻，我感觉她真的很酷。这位五十岁女性给我上了一课，她敢过不循规蹈矩的人生，也不在乎别人的眼光，在不伤害别人的前提下，勇敢做自己。

○ 勇敢活出无桎梏的人生

我们常常随大流地活着，被裹挟在人群中间，做着和大多数人类似的事情：起床、刷牙、吃饭、睡觉……到了该结婚的年龄结婚，该生子的时候生子，做着我们该做的，却很少做自己想做的；或者在惰性驱使下我们每天懒懒地、不情不愿地去做事，自己也感觉做的事情无聊。很多时候，我们只是习惯活着，却不是真正地活着。

我们按照世俗生活中早已标记好的生命模板而活，如果我们不在相应年龄做应该做的事情，我们就是异类，我们就是不守本分。于是，大家被催促着前进，按着既定的任务单一个个打着勾完成。

印度影片《102岁仍未老》中，75岁的儿子巴布每天就过着如此死气沉沉的“老年生活”：洗澡时间不会超过14分钟，因为会感冒；绝对不会住在外面，因为有人动了他的卧室窗帘他都会一整夜睡不着；一条毯子用60年，离开毯子他就无法入睡；稍微身体有点不舒服，他就会立即紧张兮兮地打电话给医生看病。在巴布心里，自己已经75岁了，要服老，要养生，因为稍有不注意，就会出现意外。

而巴布102岁的老父亲达特利，却像一个老顽童，穿着颜色艳丽的衣服，四处结交朋友，平常跳跳舞，吹吹萨克斯，摇着红酒杯欣赏星空，遇见陌生司机也能一见如故聊得热络，路上遇见小孩踢足球，他都能玩心大起，凑上前去踢一脚。他还对外界充满好奇心，计划去世界上最高的邮局看看，给大家寄明信片，生活在他眼里充满了无穷无尽的乐趣。

电影的开头，102岁的父亲达特利要把自己的亲生儿子——75岁的巴布送到养老院去。因为他要实现自己的梦想：要打破中国人王重北118岁3个月零28天的长寿纪录。如果想要打破这个吉尼斯纪录，他就要至少再多活16年，所以为了长寿，必须远离自己那老气横秋、无所事事、死气沉沉的儿子。他认为，这样的人对健康的危害超过烟草，所以，必须远离这样的人。

当然，这只是得知自己命无多日的老父亲的精心策划，其实他希望能在自己有限的时间里，帮助儿子找回童年的美好、天真，再次相信爱，相信这世界有美好的事在发生。最后，他帮助儿子赶走内心积攒多年的阴霾，让儿子重新找回自我。

最后，生活刻板、害怕改变的75岁老人巴布，在老父亲的“捣蛋”帮助下，在一项又一项的任务中，才终于渐渐地挣脱了生活的桎梏，意识到自己的人生还有无限可能，打破了生命固定的模板。

这个充满迷人魅力的102岁的老父亲说过这样一句经典的话：“我是坚决反对死亡的，我这辈子从没有死过，记住，只要活着，就不能死去。”

当儿子知道了老爸的病情时，102岁的老父亲这样对儿子说：“当你感觉到我心脏停止跳动的时候，你就用手指这样，吹口哨，要响亮，巴布，你老爸的一生就像一场精彩的球赛，要用响亮的口哨为我的表现喝彩。”

这部精彩的电影很形象地向我们诠释了：年岁有加，并非垂老，情趣丢失，方堕暮年。

○ 易陷的陷阱：对“妈妈”角色的过度投入

一个女孩要求妈妈一定要给她找心理咨询师，具体内心有什么情结和烦恼丝毫未向妈妈透露半分，妈妈知道孩子处于高考的关键时期，怎敢怠慢？于是我成了这个孩子的心理咨询师。

“我经常有想杀死我妈妈的念头！”这是这个女孩见到我之后，脱口而出的第一句话。

因为咨询前我都会提前进行一些基本资料的收集，了解到这个孩子的父母工作性质很不稳定，经常要变动城市，孩子生下来后，妈妈就把她交给了自己的父母，直到孩子上初中，妈妈为了能更好地陪伴孩子，就辞掉了工作，在家专门一日三餐地伺候孩子，督促她学习。

通过女孩我了解到，这个妈妈在本地没有一个朋友，完全没有自己的业余生活，她的一门心思全都放在孩子上，天天盯着她，有时候她想休息看一会儿手机，她的妈妈就不高兴了。唠叨、监视和督促，让她感到不厌其烦。这个女孩又说，爸妈关系很不好，爸爸一年到头回不了几次家，每次回家他们两个都会吵，还总是说要离婚。妈妈现在把全部希望都放在这个女孩身上，她承受不了这么多了，压抑的情绪越来越重，都要崩溃了。

这个妈妈单一地活在“妈妈”这一个角色里，她想弥补过去对女儿关爱的不足，却失去了自己其他的生活。每天生活得单一而枯燥，把自己的希望和信心都寄托在孩子的学习表现上，实际上是一种寄生，女儿弱小的肩膀本身就承担着高中学习的紧张压力，怎么能再扛起母亲的生命呢？

妈妈这个角色似乎就意味着奉献牺牲和无私伟大，但是过分单一地投入这个角色里，缺少其他的社会角色，自身的能量就会渐渐耗尽，对孩子来说，也是不堪重负。有的孩子，则用自己的软弱无力和对妈妈的依赖来帮助妈妈来实现自己的价值。

除了妈妈，我们也是妻子、女儿、妹妹、姐姐、朋友、员工、同事、上司……多一些社会角色，才能从各方汲取营养和社会支持，生活才能平衡，从而完成各种角色的灵活切换。

冥想：回归平静，回归中心

人们的头脑如果经常处于一种思虑的状态，老在想东西，想太多就忘记了知觉。当一个人的思虑太多，就会忘记身体的感知能力，长期处于思虑状态，心跟身体会变得分裂。而冥想是一种帮助我们回归平静和自我的途径。

不管睡多久，还是会感到累；总有那么几天，会无端烦躁和情绪化；身体也出现各种问题：脸色暗黄，浑身乏力，头晕腰疼，病痛不断……在当今快节奏和高压力的社会生活中，人们迫切需要释放压力，让思想获得宁静，让身心得到放松。

别干等着福至心灵。当你觉得生活、情绪快要失控时，不如坐下来，开始一段冥想。在《哈佛幸福课》中，泰勒·本·沙哈尔博士也提到：冥想是幸福的处方良药。

在做心理咨询的时候，面对一个焦虑不安的人，我通常也会引导他进入冥想状态，让这个人先放松下来，这样他的思维会更加清晰。如果进入得比较快，则只需要几分钟的时间，就可以把大脑清空，迅速进入沉静、忘我的状态，就像是手机被充满电一样，也如同从熟睡中自然醒来一样充满活力，让身心得到充分的休息和滋养。

○ 走近冥想，走近内心世界

冥，是泯灭。想，就是思维、思虑，冥想就是把你的念头、思虑给去掉，找到感知。冥想是瑜伽中最重要的一项技法，是实现“入定”的途径，最终目的都在于把人引导到“解脱”的境界。冥想作为一种个人修行的方法，曾有着晦涩神化的背景，不过当前，它已经成为大众可以接受并且方便操作的修炼身心之法。

冥想的锻炼实际上是利用身体可控的部分切断思维，比如，深吸一口气后屏息，在屏息的一瞬间头脑进入真空状态，不进行思维。当切断思维的时候，有一种能量自动流淌，进入感知，感知和思维是很难同时存在的，当思维存在感太厉害的时候感知就会消失。

我们的头脑经常处于一种思虑的状态，心灵跟身体会变得分裂，当分裂很强烈时会失眠、焦虑、紧张，由此引起各种病症，如高血压、心脏病等等。

冥想的真正神秘之处是它不仅对人的心志和情绪产生影响，还会对身体产生影响，而且这种影响是疗愈性的。

○ 压力减轻，睡眠更香甜

由于生存和生活压力，失眠成了很多现代人的疾病或心病，而失眠对人的身体、头脑和心情都伤害极大。练习冥想可以让你的身体得到彻底休息，这就有助于重置昼夜节律，促使其恢复正常运转。还能让我们放松大脑和心情，解除焦虑、疲惫状态，回到精神饱满、思维清晰的状态。当冥想达到一种禅定的状态时，人会全身放松，心跳明显减慢，呼吸呈一种龟息状态，机体代谢随之降低，大脑及组织器官处于休息状态，耗氧量减到最低的水平，也是一种储蓄生命、延缓衰老的方法。

○ 让负面情绪流动，内心坚定有力

冥想是一种安静的力量。它可以让你在一呼一吸中，找到你的情绪出口，学会和身体交流。当你能够与自己的负面情绪坦然相处，让自己的情绪自由流动时，你会慢慢感受到：内心像是被注入了一股力量，它轻盈悦动，但你的内心十分坚定。

○ 活在当下，摒除杂念

人要活在当下，而不是把注意力放在过去的遗憾和未来的担忧中。而冥想，就是一种让你集中注意力、排除杂念干扰的有效方法。神经学专家发现，如果你经常让大脑冥想，能提升你的自控力、集中注意力、克制冲动。冥想能给人带来真正的改变，其效果远比你去思索、担心、计划和尝试去操控事物或他人更好。

○ 更健康，更年轻，更漂亮

美国哈佛医学院博士Sara Lazar利用三个月时间，对特定人群进行检测发现：那些五十多岁的打坐者，居然拥有像二十多岁年轻人的皮质面积。这表明，冥想练习能延缓大脑皮质结构的自然缩小，使大脑年轻化。并且，压力繁重的人在练习冥想之后，他们血液中的化学成分发生了改变，皮质醇含量降低了30%~40%，说明冥想能有效抑制体重增加。

○ 建立更积极的信念系统，生活更幸福

冥想可以产生积极的情绪，代替负面情绪。长期坚持冥想，有助于我们扭转负面潜意识，让我们能够从更高的维度看待自己的人生。

○ 更加沉着冷静，处变不惊

虽然在进行冥想练习时，你可能不会感觉到豁然开朗的灵光一闪，它的影响却会在一段时间之后显现出来。你可能会注意到自己面对危机时变得沉着冷静了，或是在通常会让你困扰的情况下处乱不惊。

总之，冥想能让你得到休息，变得快乐和从容，放下包袱，远离痛苦，大脑的能力增强，人际关系处理得更好，充满正能量。

○ 初次体验者需了解

冥想是一种独处之道，对初次体验者来说，避免外部的干扰是尤

为重要的一点。应该在某个安静、平和的地方进行，你可在房间里设定一个特殊角落，布置上一些对你有意义的东西或徽记，形成一个你的私人净地。

在开始冥想之前，应该计划好冥想的时间，大多数资深冥想者每天冥想两次，每次二十分钟。但是对于初学者来说，可以从每天五分钟做起，然后循序渐进地进行。关键不是你冥想了多久，而是冥想有没有把你带入一种自我存在的状态，在那里和自己的内心进行交流。

选择舒服的坐姿，传统的莲花坐或半莲花坐，同样可以选择不需要双腿交叠的坐姿，坐在垫子上、椅子上。

无需纠结睁眼或闭眼，无论哪种情况都是可以进行冥想的。可以保持眼睛睁开，使所有感官都处于开放的状态，也可以闭目，但是不要睡着，而是为你自己找到一种“放松的灵敏状态”，这既不是昏昏欲睡，也不是无比清醒的状态。如果选择睁眼，那么保持眼神“温柔平和”，就是说，不要特别专注于什么东西，并保持嘴巴微微张开。

初体验的时候，如果你的注意力一时难以集中，就先闭上眼睛，向上看自己的眉心，静静地看着眉心，同时选择你肚脐上方的一点，集中注意力，感受它随着你的呼吸一起一伏，要想进入冥想，你必须尽可能专注于一样东西。

○ 冥想的几种简单练习方法

当你的身体和心灵获得深层的放松时，你的脑波频率会随之减慢，进入更深沉、平缓的层次，也就是所谓的“禅定状态”。这种状态被认为是非常有益健康的意识状态，因为它具有放松身心的效果。

1. 观察呼吸

呼吸一直对冥想有重要的作用，是生命中真真切切正在发生的动作。观察让我们可以回到当下，感受生命，持续地观察呼吸，心就会平静下来。当我们的情绪激动时，呼吸也是一个避风港，观察呼吸，可以让我们找到一个躲避风雨的“安全屋”。

方法：可以观察气息吸入或者呼出时，鼻孔的感觉；也可以观察腹部的隆起和收缩；还有一种方法，如果自己难以集中注意力的话，可以在吸气的时候默念“入”，在呼气的时候默念“出”。

2. 感受身体

冥想练习，一定需要以身体的感受和体验作为基础。在心理咨询的工作中，为了避免咨询者的思维天马行空，心理咨询师常常会要求来访者检查自己的身体感受，然后再描述感受到的内容。

感受身体可以提高自身的感受力，另外的好处是会发现一个重要的道理，即身体的感受在推动着我们思考、说话和做事。

你觉得世界是不安全的，是因为自己有不安全的感受，这个想法并不是正确的。

方法：每天在闲暇时刻，多感受自己的身体，睡前、醒来或在做不同的事情之时，温柔地感受身体；无论感受是愉悦的，还是不舒服的，都同样给予其空间。

3. 观察想法

观察自己的想法最直接的受益，就是发现自己的想法并不等于自己的全部，想法只是想法，并非长久。

“我是愚蠢的”和“我观察到我在想我是愚蠢的”这两件事，虽然听起来是同一件事，但是意识到后者能给我们更大的心灵自由。

我们并不能直接“追踪”想法，只是通过观察呼吸，然后留意到想法的出现。

4. **聆听声音**

当我们聆听身边的声音时，不需要分析或评价声音，仅仅是单纯地听，这也是一种有效的冥想方式。不论是鸟鸣的声音，还是装修的声音，都引起空气振动，我们以同样的专注度去聆听它们。在聆听的时候，你也许会“听到”这些声音背后的背景——深沉的寂静，聆听到“大音希声”，或者空。

○ 把冥想融入生活

需要强调的是：冥想练习，而非冥想本身。冥想通常被经验丰富的实践者描述为“一种存在的状态”，一种接受一切而无期待的、天人合一的状态。所有的方法最终都是为了达到这样一种状态。

冥想并不拘泥于某种固定的形式，你可以在日常生活中随时练习静思。例如在感到压力过大的时候，花几秒时间将注意力集中在你的呼吸上，清空负面的想法或情绪；还可以在吃饭的时候练习静思，感受口中的食物和进食的过程。

有人说：“我没有那么多时间冥想，有那么多事情等着我做，而且也根本静不下来。”其实，你越是静不下来，就越要静。越是忙碌焦躁的时候，越要回归平静，归于本心。当你自己的身体浮躁喧闹的时候，正是身体在给你发信号：我累了，需要休息，需要安静。

冥想可以让你与身体深度连接，且无需耗费大量时间。5分钟，就足够你跟自己来一场无声的深度对话。也许是早上的5分钟，跟自己说一声早安，给自己一整天的能量，避免自己进入无意义的追赶状态；又或许是晚上的5分钟，跟自己说一声晚安，放下一身的疲惫，好好入眠，一觉睡到大天亮。

长此以往，这5分钟给你带来的会是样貌的改变、气质的蜕变。这就是你走进生活正向循环的生活方式。

这是一场修心之旅，用一点点时间，在这个嘈杂世界，用冥想找回内心一片安静的“小宇宙”，探索你的自在世界。

跑步：在动态中静心

跑到最后时，不仅是肉体的苦痛，甚至连自己到底是谁、此刻在干什么之类，都已从脑海中消失殆尽。这理当是十分可笑的心情，可是我连这份可笑都无法感受到了。在这里，跑步几乎达到了形而上学的领域。仿佛先有了行为，然后附带性地才有了我的存在。我跑，故我在。

——村上春树

冥想更多是通过“静修”的方式来进行，它或许适合某些人，但它并不一定适合所有的人。对一个小孩子来讲，冥想根本不是静心，而是一种折磨，对一个活生生的、充满活力的年轻人而言，那是一种压抑的做法。对于能量充沛的人来说，运动也不失为一种静心和自我成长的方式。

跑步是我比较推荐的一种运动。因为跑步不像篮球、足球一样，需要很多队友参加；也不像乒乓球、网球那样的竞技运动，需要人配合；也不像游泳一样必须要有固定的场地，跑步是可以一个人随时随地进行的活动，几乎不需要什么外在的条件。

○ “忘我”地跑步

一个年轻人来找智者，询问如何能让自己的心静下来。因为他没办法静静地坐着，感觉自己的能量太多了。智者了解到他擅长跑步，并且是跑步冠军之后，就告诉他：“先忘掉静心这件事。把你自己融入跑步当中，有一天静心将会发生。”

一周以后，他又来找智者说：“难以置信！我甚至无法相信它真的发生了。某种非常美妙的事发生了，我在跑，尽可能跑得越来越快，就像你说的，我彻底地忘我。我并没有表现，也不进行比赛，只处于其中。太阳照在我身上，温暖着我，早晨的微风，鸟儿的歌唱，空旷的河岸，我一直跑啊跑啊……”

“慢慢地，我开始掉进河流、微风、树木的韵律当中。突然间，是的，就在那时，我充满了喜悦。我从来没这样喜悦过，我跑了许多年，而这从没发生过。”

这个年轻人以前没有放松自己，因为跑步对他来说，只是一种表演，而不是一种能让自己身心合一的活动。

日本著名作家兼跑者的村上春树，对跑步这项运动也有着深刻的感悟，他专门写了一本书名为《当我谈跑步时，我谈些什么》。在这本书中，他描述了跑步带给他的感受：

我跑步，只是跑着。原则上是在空白中跑步。也许是为了获得空白而跑步。即便在这样的空白当中，也有片时片刻的思绪潜入。这是理所当然的，人的心灵中不可能存在真正的空白。人类的精神还没有强大到足以坐拥真空的程度，即使有，也不是一以贯之的。话虽如此，潜入奔跑着的我精神内部的这些思绪，或说念头，无非空白的从属物。它们不是内容，只是以空白为基轴，渐起渐涨的思绪。

我陷入了类似自动驾驶的状态。这么继续跑下去，只怕过了一百公里我还能跑。听上去颇有些怪异：跑到最后时，不仅是肉体的苦痛，甚至连自己到底是谁、此刻在干什么之类，都已从脑海中消失殆尽。这理当是十分可笑的心情，可是我连这份可笑都无法感受到了。在这里，跑步几乎达到了形而上学的领域。仿佛先有了行为，然后附带性地才有了我的存在。我跑，故我在。

当村上春树决定成为职业小说家之后，为了维持体力，又能将体重控制在恰到好处的程度，他决定把跑步和写作这两项活动作为他下半生的主要内容。村上春树几乎日日坚持跑步，每次不少于10公里，从日常跑步到马拉松，到百公里超级马拉松，再到铁人三项，村上在运动上一往无前，意志和毅力惊人。

○ 享受跑步中的孤独与痛苦

一个人跑步，的确会很孤独，但是也有一个人跑步的好处。如果约人一起跑步，每个人都有自己跑得最舒服的速度和节奏，一起跑的几个人如果能力不一样，或者想法不一样，就会出现问题。

有的跑步者喜欢安静，希望一直处于一个安静的环境中；而有的跑步者总想在跑步时聊上几句，尤其是在慢跑的时候；有的跑步者跑得很严谨，固定的路线，固定的时间；而有的娱乐跑者，则跑得随心所欲、无法无天，快慢也没有章法。如果几个人一起跑，有时候跟得上这个人的速度又顾不上那个人的体力，事先协定好了配速，也总有人会感觉跑得不够尽兴。

因此，跑步最好一个人跑。尤其对那些追求自由和独立的人来说，跑步时不需要和任何人交谈，不必听任何人说话，只要望着周围的风光，注视前方的路就行。这是任何东西都无法替代的宝贵时刻。

乐意去忍受跑步过程中的孤独和痛苦，也是享受跑步的乐趣之一。

跑步能够为我们的身心带来种种好处，比如增强体质、提高活力和精神、释放坏情绪和压力。但它真的算不上是一种很轻松又有趣的运动，尤其是一开始的时候，奔跑的过程中充满着孤独、痛苦，同时可能有岔气、腿软、抽筋等一系列的问题发生，而且这些情况只能你自己一个人去克服。

只有在痛苦又枯燥的过程中，才会逐渐了解真实的自己，才会开始摸清自己的极限和局限在哪里，才会让自己变得更好，为下一段的路程做好准备。

人生就像一场马拉松，每个人都努力地向前奔跑着，没有人会永远领先，也没有人会永远落后，有的只是一次又一次的超越和自我超越。

但对于那些爱跑步的人，当他们执着地奔跑，去经历那些痛苦、孤独乃至快乐等种种情绪之后，跑步本身就已经成为了爱跑步的人坚持的意义。

作家冯唐在谈到跑步时曾说："慢速长跑能让你独处，效果类似参加静修。你跑了一阵之后，你就不想说话了，天高地迥，你就想放下心里的一切，一步一步活着到终点。"

一个人跑步确实会很孤独，但孤独之后是成长。况且，在人生路上，我们谁又不是独行者呢？

○ 控制自己的身体，掌控自己的心灵

我们都渴望自己在做事情时，进入到一种全神贯注、投入忘我的状态，在这种状态下，你甚至感觉不到时间的存在，在这件事情完成之后我们会产生一种充满能量并且非常满足的感受。这就是前文的跑步冠军在跑步时达到的"物我两忘"的境界，也是冥想最终追求的"一种接受一切而无期待的天人合一的状态"。这种状态，无疑是很超脱、很自在、很幸福的状态。

跑步，作为一种简单的运动，能让我们借由它去控制身体和感觉，培养我们做事时的专注度和投入度，只有掌控自身心灵的人，才能决定自己的生活状态和品质。

当一个人能够控制自身精神能量，并将其专注于既定目标，就一定能有所成长。在这里，跑步可以成为帮助我们成长的工具，通过一些步骤来达到控制自身精神能量的目的。

1. 确立一个总目标，并尽可能包含多个实际可行的子目标。比如今天的总目标是完成一次跑步，但子目标可以是在公园跑，也可以在小区周边跑，或者就在小区里跑。

2. 找出评估目标进度的方法。比如，我们可以选择一种记录工具，使用运动手环、手机APP等，这些工具可以给我们即时的反馈，甚至是及时的鼓励，帮助我们评估目标进度。

3. 保持精神集中于所做的事情上，并且对活动涉及的挑战进行越来越精细的区分。跑步地点离家的远近、周边环境、路况、安全性，都会对跑步的落脚点、身体平衡产生挑战，这些挑战迫使我们全神贯注。

4. 培养随机应变所需的技巧。做任何事都涉及技巧，跑步也不例外。比如对路线的选择，科学的跑步方式、步伐的调整、速度与地形的协调，正确地呼吸等。

5. 在活动变得令人厌倦时，随时提高挑战的难度。如果每天都重复一成不变的动作，就很容易产生厌倦感，要让自己在每次跑步时都有所突破，无论是跑步的时间、距离、速度，总要有一项超越上次，哪怕比上次仅仅多了几十米或者少了五秒钟。

只要我们设定目标，增加它的复杂性，控制整个过程，就能带来无穷的乐趣。

当然类似的活动还有很多，跑步只能算其中一种，当我们有能力控制自己的行动，主宰自己的心灵，而不被莫名其妙的力量牵着鼻子走的时候，我们才会成为自己真正的主人。

看清人生路上的红绿灯

生命来之不易，更加难以维持。奇怪的是那些曾经让我们哭泣的事情，总有一天会笑着说出来。祈祷那些混浊难熬的日子，终将在新一年的春天离我们远去，就像从未来过一样。

疫情期间，我家周边好多小区做了临时封闭管理，好在简单的日常采购都可以由附近指定的一家配送公司提供服务。我所熟悉的小王就是这家公司的配送员，早在疫情之前我们就很熟悉了，毕竟，配送已经成为一种日常，对于不擅长做饭的我来说，更是下单点餐大军中的忠诚一员。

以前，我每次从他手中接过东西，签了名字，他就匆匆忙忙地离开了。

最近，我从网络平台上买的东西到了。我打开门，却发现不是小王配送。好几天下来，邻居们也反映了这一情况，难道小王不干了？

隔天，又有快递员配送时，我好奇地问了一句：“那个小王怎么没来？我找他有点事！”为了显示自己并没有那么八卦，特意说明自己有点事找小王，其实只是借口而已。

配送员说他姓张，让我叫他小张。小张对我说，小王平常不太注意防疫细节，接触的人多，去的环境也杂，甚至口罩也只是拉到下巴做个样子，结果不久前在一家餐厅被新冠病毒感染了，到现在还在医院隔离治疗中。

我又问小张：“小王平时挺小心的呀，怎么会不注意这些细节呢？何况各个小区、街道周边都有志愿者、大喇叭在宣传啊！”

“小王比较勤奋，平常也很注意，但是一出门忙上工作，可能就忘记了及时更换口罩，干我们这行的，几个小时下来，口罩都湿透了。”小张无奈地说道。

次日，小张又来小区配送，我出门倒垃圾碰上了。由于昨天聊过的原因，他特意和我打了个招呼，对我说道：“倒垃圾啊，昨天我联系小王家人了，听说治疗效果不错，过一段就能出院了。现在啊，我们这些同事们都很注意个人防护，用的都是最好的医院医生才用的那个专业级别的口罩呢。”

我冲他笑了笑，礼貌地说道：“希望他能够早点好起来，你们都注意好个人防护就对，别让家人担心，否则得不偿失。”

“他会的！我们也会注意的，我先走了！”他向我挥挥手，告别了。

两个月后的一天，门铃响了。我开门一看，是小王！他的病完全好了，而且看起来有些发福了。他看得出我有些惊讶，不好意思地说：“这是您的配送，请您收好。”

我连忙道了一声谢谢，接了过来，习惯性地要关门，却意外地发现他没有匆忙地离去，而是傻傻地站在门外，他对我说：“我……我……我能喝点水吗？我有些口渴了。”

“快请进！”我热情地招呼他进屋，母亲也热情地端了一杯水。

“你们也听说我之前的那件事情了吧？”小王紧张地说着，似乎怕自己因为曾经是患者而吓到别人。我们点了点头表示知道。

“躺在病床上时候，我才忽然意识到，如果不注意生活细节，不能照顾好自己不说，还会连累到家人和关心我的同事、朋友们。人再能干，如果不注意健康，尤其是特殊时期更不能有侥幸心理啊。我做保险工作的姐姐告诉我说，意外和死亡随时发生，但我们有能力让这样的事情不发生或少发生。现在我终于理解了，过去那么拼命无非是想给家人一个幸福，但是如果照顾不好自己，这反而会拖累到家人、更多人啊。”

“你是幸运的，还有机会照顾你家人，你这是因祸得福！”母亲旁边插了一句。

“是啊，现在我不仅懂得这些防护的重要性，也明白了让自己慢下来的重要性，因为没有这个危险，还有那个危险，要时刻注意人身安全！”

他放下已经空了的杯子，对我们说：“过去，我就算是渴了，都没时间喝一口，更没时间和街坊四邻聊天，生活没有情趣不说，连个喘气的时间都没有。以后有时间，咱们再好好聊聊。虽然不能快，但也不能放下工作，我还得给别人家做配送，就先走了。谢谢你们，再见！”

小王离开了，我似乎不会再为他莫名的担心了。人的一生也像过红绿灯，做错一步都有可能毁掉终生，必要的时候，倒不如停下来，等一等。

生命来之不易，更加难以维持。奇怪的是那些曾经让我们哭泣的事情，总有一天会笑着说出来。

此刻，我端着一杯喷香的咖啡，有幸享受午后阳光的沐浴时，祈祷那些混浊难熬的日子，终将在新一年的春天离我们远去，就像从未来过一样。

PART ❹

陪伴·沟通：灵魂碰撞，真正连接

生命里有各种关系，关系需要沟通来连接。如果有某一种关系不顺遂，生命就会有不好的体验；如果任何一段关系里有冲突存在，对生命的体验就会产生分裂，观点也会开始扭曲，导致丧失连结，终至丧失和谐。人和他人的关系最终都是自我关系的投射，因此，想要与他人和谐，其实最重要的是人自身的和谐，一个不会与自己相处的人，也一定不会与他人相处。

做一个会聊天的有趣人

真诚地对待别人，愿意去更多探索对方，怀着这样的信念，我们对枯燥的话题也能展开很多可以延伸的空间。

有些人，跟他说话有道不尽的乐趣，让人总是感觉意犹未尽；而有些人，你跟他聊天，分分钟就能把话题终结，让你没了聊下去的欲望。

怎样才能成为一个高情商、会聊天的人呢？

在所有的聊天中，相亲聊天恐怕是最能展现一个人情商的场合了，尤其是对自己喜欢的人或者非常重要的人，如果没说几句就进入尬聊状态，那就太遗憾了。

制造一次有趣的聊天，还是有一些注意事项的。

○ 主动发起话题

如果你和对方并不认识，刚开始重要的一环就是话题准备，先从自己讲起，记住一条重要原则是：“先打开自己，再打开别人”，如果对方不善于交流，更需要牢记此原则。先打开自己就是先讲你自己的事情，一方面让对方了解你，另一方面化解刚开始见面时的尴尬。我们拿第一次相亲为例，你可以说：“今天来的路上真的是太挤了，还好最近下了一款非常不错的APP，在堵车的时候可以听点有意思的东西。”你奉献话题，用相亲前的经历来说比较自然，不会显得突兀，而且也是在分享你的一种生活方式，同时，“堵车”“APP”、你面对堵车时的好情绪，都可以是对方接下去聊的重点词汇。

如果对方对你听的APP感兴趣，又会带出你的兴趣，听的什么内容？财经、历史还是心理？聊财经可以聊聊你的消费观、他的消费观、收入分配方式。聊历史的时候可以从历史谈到当下社会，再从当下社会谈谈你们的想法和心态，这其实就是你展示价值观的时候，又是你考量他的价值观的时候，因为跟一个人在一起，三观一致是大前提。

也可以聊聊为什么你喜欢这个兴趣，在成长的过程中是谁给了你影响。由成长过程又可以带出你在不同阶段的奋斗历程，奋斗历程里是不是有笑容、有眼泪、有梦想、有遗憾，每一个点拿出来聊都会非常有趣。

当然，你也可以利用当下语境中的素材来展开话题，随机应变。如果你们约在咖啡馆，你可以拿起一杯咖啡，调侃说这杯咖啡的

Waiter今天一定很开心，因为一杯黑咖啡被做得这么甜，然后引导对方跟你一起畅想咖啡师在干嘛，这不就是有趣的共鸣吗？

○ 平时储备话题

很多“不会聊天”的人，大多是因为感觉和对方没有话题可说，这出于平时的积累不足。自己如果积累太过薄弱，就没有挖掘话题的能力，就算对方给了一个好话题，自己也可能由于完全不懂而接不上话。所以，如果要有来有往地聊天，必要的知识储备不可少。

先对自己有个整体的定位，做好常用话题的准备。先想一下自己的兴趣爱好是什么，自己的优势是什么，尝试列出一份“谈话清单”，其中包括对你来讲很重要以及很擅长的话题，比如可以问其他人的问题，以及对一些问题的可能回答。在社交场合下，有很多程序化的寒暄，自己先准备出答案，这样就能顺畅应对对方抛过来的问题，也不会尴尬了。

如果了解对方的兴趣爱好、喜欢的话题、工作内容，拟出一些你觉得他会有兴趣的话题点，自己可以翻阅相关的内容，在这些话题上做准备。

当然，除了重要的场合，我们和别人聊天，一般都是很随意性的，也不会那么深入地涉及到人生观和价值观的层面上，很多时候只是消磨一下时间，交换一下感想，在彼此身上找寻一下友善和认同感。然而，为什么即使是很简单的主题，很浅显的内容，有人还是聊不下去呢？这是因为，想逃离聊天的人认为“这太没意思了”“真没什么好说的”“感觉尴尬”。

○ 真诚地对待别人

那些让我们觉得枯燥无味想快点逃离的谈话，在很大程度上，是因为我们不仅对话题没有兴趣，而且对谈话的对象也毫无兴趣。这就会形成恶性循环，当我们对对方不感兴趣，对方也一般不会太喜欢我们，这就容易导致社交圈子越来越小。

因此，真诚地对待别人，愿意去更多地探索对方，怀着这样的信念，我们就能在进行枯燥的话题时也有很多可以延伸的空间。

就算你其实对他人并不感兴趣，那么不妨也先假装一下，当对方真诚地回答你的时候，你也许会发现，你已经真的对他产生兴趣了！

你真诚地想要了解对方，发出了友善和喜爱的信号，对方也会逐渐以这样的态度回应你，这就是人际关系的良好循环。

○ 会说更要会听

聊天并不是你问我答，跟论文答辩，或者审讯犯人似的；也不是信口开河、侃侃而谈就是会聊天。

如果是通过文字聊天，也可以根据对方回复的快慢和字数，以及回复的内容是积极地回应你说的内容，还是在自顾自地讲自己的事情，来判断对方是不是对你说的内容感兴趣。

在一对一的谈话之中，可以根据对方的面部表情来判断自己是该说，还是该听。如果对方左看右看，看手表，想要拿手机，甚至已经翻看手机，或者跃跃欲试地想开口，这说明应该到对方发言了。

小易前段时间和男生小T相亲。她觉得小T各方面条件都不错，也很有绅士风度，对小T的第一印象还是不错的，小T对她好像也很有好感。不过，她说在聊天的时候，两个人好像不在一个频道，总是聊不到一块儿去。相亲结束后，她觉得心力交瘁、疲惫不堪，感觉糟糕透了。为什么会这样呢？

原来，在他们聊天时，小易会习惯性地换话题，天马行空，想到什么说什么，也不管对方是否正说得兴起。即便是男方坚持说下去，小易也会不经意地打断，继续把控聊天的主动权。男生被打断了几次之后，便不再讲话，安静地听小易讲。等小易讲完，他也不再主动回应。小易尴尬地撑着场面，最后狼狈地结束了相亲。

小易看似把握了聊天的主动权，无所不谈，好像很会聊天。可实际上，却成为了话题终结者。那么，究竟怎样才是聊天的正确方式呢？

○ 学会做一个好的倾听者

交流的目的不是不停地讲话，而是营造轻松和谐的氛围，创造舒适的空间。所以，如果对方在表达，我们要学会做一个好的倾听者，做到积极地听、认真地听、关注地听，并要适度参与。有几点需要特别强调的地方。

第一，倾听时的身体姿势。身体要略向前倾，这是关注对方的一种表现，注意不要倚在座椅靠背上，那样会让对方觉得你对他讲的话不感兴趣，也不要将手臂抱在胸前，那样会让对方觉得你在抗拒他的话题。

第二，倾听时的眼神。要注视着对方，不要一会儿看看手机、一会儿望望窗外，显露出不耐烦的情绪。倾听过程中，全身心地回应对方。持续保持关注，创造条件让对方充分表达。当然，注视对方不等于直勾勾盯着，那样会给对方带来被侵犯私人空间的感觉，也不会很舒服。正确的方式是：目光主要集中在对方的两只眼睛和鼻尖组成的三角区域内，然后不时直视对方的眼睛。

第三，倾听的过程还要适度回应。这样，对方才不会觉得是对着“一根木头”说话！比方说，你可以面带微笑，赞许地点点头；也可以回“嗯”“这样啊”等等，表示你正在专注地听对方说话。这样一来，对方就会觉得自己被关注、被尊重，感觉会很舒适。

○ 要适度表达赞美和肯定

一般来说，人都希望自己的能力获得赞美和肯定，如果得到自己青睐之人的赞美和肯定，那就更开心了。因此，除了要做一个好的倾听者之外，还要不吝惜自己的赞美和肯定。赞美和肯定的方式也不局限于说“你好棒”“你真厉害”，还有一些其他的方式，比方说对方在谈自己比较熟悉和得意的领域，当你觉得“此处应该有掌声”时，你可以瞪大眼睛，露出比较赞叹的神情，配合一声轻声的“哇”，对方一定非常满足。或者如果你被对方人格的闪光点所折服，你也可以赞许地点点头，并为对方竖起大拇指。不过这里需要提醒大家注意的一点是赞美和肯定要适度，不然会显得虚情假意，不够真诚！

○ 尽量少提封闭式问题

封闭式问题是指只需要一两个词就可以回答，能提供的信息也很简单，如果一味用封闭式问题提问，会导致谈话枯燥，甚至出现令人尴尬的沉默。

比方说过年了，给对方发个新年祝福："新年快乐！大吉大利哦！"对方回答："嗯，谢谢！"然后你接着问："过年这么多天假，准备去哪儿玩啊？"对方回答："在家。"好像还是没法接，换下一话题："要是没什么事出来看电影吧？"对方回答："今天太累了，还是不去了。"好尴尬，是不是？这种"一问一答"的聊天模式，会让你觉得对方完全不想继续聊天，只是碍于面子不得不回复。这样的聊天毫无乐趣可言，只会让人产生一种挫败感。有人说过，如果不停地回答封闭式问题，就会觉得自己在接受警察讯问。所以要想让对话继续下去，并且有一定的深度和趣味，就要提些开放式问题。

开放式的提问不但可以化解对话的尴尬，同时也不会导致对话枯燥。我们可以在提问时用"如何？""怎样？""为什么？""怎样看待？"等词语来提问。开放式提问能让对方自由回答，灵活性大，答案有很多种。

菜菜是一个情商很高的女孩，第一次被男朋友带到家中见未来婆婆时，就以自己的"会聊天"博得了婆婆的喜爱。

第一次去男方家见家长，并且和长辈一起吃饭，在饭桌上该聊什么呢？菜菜扔出去的两个开放式提问就非常成功，一个是："阿姨，您做的这个锅包肉太好吃了，怎么做的，我也想学一学。"另外一个是："阿姨，您能给我讲讲您儿子小时候好玩的事情吗？"第一个提问不仅在暗地里称赞未来婆婆的手艺，还表示自己愿意在此方面虚心学习的态度；第二个提问充分激起未来婆婆的母爱，并能迅速营造出一种欢乐的气氛。

如果菜菜在饭桌上这样提问：“阿姨，你最近怎么样？忙吗？”然后对方回复“还行，不怎么忙。”再然后，她们就微笑以对，夹菜、吃菜。可以想象，这情境会是多么尴尬！

开放式的提问也不要问太宽泛的问题，比如好久不见的朋友，有天突然联系到了，如果你问“最近怎么样啊？”或者“最近过的好吗？”一般对方就会回答：还行吧，挺好的。或者一阵寒暄就没话可说了。因为面对这样宽泛的问题，对方会觉得很有压力，不知如何谈起。但是如果你换成具体点的问题：“谈谈你新的公司怎么样？”此类的问题就能由小及大，由浅入深地谈。

聊天只是工具，聊天需要达到的目的才是最终需要关注的。“会聊天”更多的应该是在该说的时候多说，在该听的时候多听；该展现自己的时候不要躲闪，该关注别人的时候把掌声留给别人。这样，你一定是一个会聊天的有趣人。

沁人心脾的谈话

在成长小组中，小组成员能够明白他们的问题不是自己独有的，其他的人也有相同的思想和相同的经历，这样他就不会感到孤独。在大家的支持下，在尊重的氛围里，在开放安全的交流中，可以探索未知的自我，疗愈内心的伤痛，与真实的自我和解。

当我们孤独、失落或者迷茫和脆弱时，哪里能让我们安放自己的心灵，让我们能被看见，被关照，被抚慰，从而感觉到温暖和力量？同时，我们也可以用同样的方式去对待别人，贡献自己的一份支持。于是，在这种深入的心灵交互过程中，我们与他人相互滋养。并且，这是非常安全的，你不用担心在日后你的隐私被曝光，或者有人拿着你的伤痛津津乐道。

到底有没有这样一种存在，或者这样一种安全的设置，让我们能得到心灵的舒展、释放以及提升呢？作为心理咨询师，我很荣幸经历了这些体验。

如果感觉自己需要心灵的成长以及更深入安全的关系，可以加入心灵机构的成长小组。

成长小组也是一种团体心理咨询，它是通过团体内人际交互作用，促使个体在交往中通过观察、学习、体验，认识自我、探讨自我、接纳自我，调整和改善与他人的关系，学习新的态度和行为方式，更好地生活。

一般而言，成长小组由1–2名领导者主持，根据小组里成员共同感兴趣的话题形成小组。小组的规模少则3～5人，多则十几人或几十人。通过多次的团体活动，小组成员就关心的话题相互交流，共同探讨，彼此启发，支持鼓励，使成员观察、分析和了解自己的心理行为反应和他人的心理行为反应，使成员感受到关系的冲突、希望的重建、成员的抱持、内心的动力及转化，从而改善人际关系，增强社会适应能力，促进人格成长。

一般情况下，成长小组由成熟专业的心理咨询师带领者，起到保驾护航和指引航道的作用。

○ 成长小组

映着20层大厦的环形通体玻璃，闪电一次次划过长空，雷声不时轰隆隆炸响。在玻璃窗保护的扇形的一个小空间内，三个并不熟悉的女人啜着热茶，坐成一个三角形，脸对着脸，彼此讲述着自己的人生故事，告诉另外两个人：我从哪里来。

我们从不同的城市因缘分相聚，由于信任和共同的目标，我们原本孤独的心在此相遇。是的，一见面，我们其实就已经认出了彼此，那是人群中与自己相似的人，我们为相遇而感激上天的赐予。我们都有着深刻的孤独，我们是小众群体中的小众，在这点上我们如此相似，现在，我们不再感到寂寞。

我们可以说自己的人生感悟、自己的资源、自己在某件创伤事件中的成长、自己还未解决和迷惘的问题、其他人所给另外的角度和观点，我们可以相互提示幸福，提醒值得感恩的地方，挖掘负面事件中的闪光点和财富，相互舔舐彼此的伤口……

我们不是亲人，可以胜似亲人，不是朋友，胜似知己。我们没有闺蜜那样黏，我们可以随时分散，我们可以就是擦肩而过的人生过客。我们彼此独立，又在此时相互依赖。未来我们可能会走向不同的城市和不同的方向，因此，此时的相聚是多么宝贵而令人珍惜。

我们放开孩子、丈夫和所有的工作应酬，这是完全属于我们的私密空间。

你如此认真地在听，我多么渴望将自己讲给你，习惯了倾听别人的我，如今却有了倾诉的渴望。是的，别急，我们都有这样的机会，我们每个人都可以玩这个“看人生”的游戏，当我们把自己的故事，通过和同伴整合、梳理之后，中间的疙瘩会慢慢解开，我们会减少对自己的不满、批判，我们都可以帮助对方更加爱自己。

在这风雨交加的夜里，我们是心灵上的“风雨夜归人”，来到一个属于我们心灵的家。我们的心在彼此真诚的开放中，越来越柔软，如同莲花一样，越来越纯净而圣洁。

这就是我们的成长小组。

以上是我在几年前随手写下的感悟，当时我是成长小组一员。我和其他两个姐妹的友谊，也一直延续至今，我们依然在彼此需要的时候陪伴，在有开心得意的事时分享，偶尔会赠对方非常贴心的礼物。我们送彼此远行，也在归来时，约着饭后散步，虽然有时候空间距离很远，但是我们的心一直距离很近。

以人群来划分的话，这个小组特别适合有“个人成长”需求的人参加，对自己理解得越透彻，对别人才能理解得越透彻。在多人组成的小组中，很多个别人，都是我们的一面镜子，透过别人可以更清晰地看到自己，这就是小组的优势。

有一个参加过心灵成长小组的朋友曾分享自己小组活动中的感受：

小组成员们从陌生到相互支持、鼓励，勇敢微笑面对。我感觉自己就像被关注、被呵护的孩子，正在慢慢地长大，像是一棵竹笋冲出地面长出新芽。我体验了一系列不同情绪的变化与感受：怀疑、恐惧、愤怒、怨恨、伤心、无力感，平静、喜悦、平和，有老师陪伴与指导，内在的这些情绪得到宣泄。我也学会呵护自己的这些情绪，像温柔的父母拥抱哭泣的孩子。不同风格角色的子人格在不一样的场合、课堂出现：爱哭的宝宝，被抛弃的孩子，怨恨的土豆，劳累的老黄牛，愤怒的女青年，恐惧魔鬼，贪心公主，一起修行的老师，爱心大哥，温顺可爱的小猫……体验的感觉就像是重温人生旧梦，慢慢地接纳生活中的辛酸苦辣甜五种滋味……有一次，一个伙伴在活动中讲述原生家庭带给她的束缚和压力，因为我的境遇和她非常相似，因此，整个过程后，她疗愈了，我也同样感觉到自在与轻松。

每个人在社会上都是戴着面具生活的，在成长小组中想要获得较大的成长，如果能摘下面具，敞开自我，这样解决问题的效率就会很高。出于保护自己，或者感觉还不够安全，即使最后你没有摘下面具，那其他人的呈现也会带给你启发。总之，投入地参与其中，遵从自己内心的指引就好。

○ 秉烛夜谈

秉烛夜谈是我在成为心理咨询师之后，在团体活动中进行的一个活动，也可以说，这是一个由心理咨询师来打造的心理空间，通过一定的设置，制造一个安全的心理环境。

有一次，我一共邀请了16个人参加活动。将门封闭，关掉所有的灯光，我给四个小组分别发了一盏应急灯，而每组的四个人就围着这盏灯坐在一起，小组之间距离很远，保证他们听不到其他小组的声音。为了更好地制造声音的隔离，我还点开轻音乐，让缓缓优美的声音笼罩全场。

微光，淡淡的音乐，全封闭的环境，每个组自愿出一个讲述自己目前烦恼的人，其他人都来充当她的教练，运用我要求的程序，将困惑问题澄清、共情，为当事人从自己的角度提供更多的更广阔的视角。我作为一个总指挥，轻轻游走在各个小组之间，对他们提出的程序以及沟通方面的技术问题做解答，保证每个小组都能按正常的流程和技术手段帮助讲述者。

闪烁在每个小组中间的灯光，就像一盏微微的烛光，只够照亮围坐的这几个人，仿佛除了这几个人之外，世界都不复存在，轻缓的音乐安抚着他们的情绪，让他们放松下来，讲述者也低低地讲述者自己的故事，声音很小，其他人都专注地倾听着。我们每个人都需要一场这样的倾听，这样被关注，仅仅如此，心灵就已经得到了温暖和抚慰！

一次，在活动结束时，我发现原本彼此是陌生人的一个小组的所有成员，都将手紧紧地握在一起，然后他们又拥抱在一起，每个人都在抹着眼泪。

是啊，一个人讲述的故事，何尝不是其他人的故事，有首诗说：没有谁是一座孤岛，在大海里独踞;每个人都像一块小小的泥土，连接成整个陆地。

有时候，当我们能为别人提供自己的智力支持，让对方豁然开朗时，这种喜悦和开心是很难用言语表述的。

有一次，我参加一个青少年的心灵成长夏令营。其中课程的一个环节，就是“秉烛夜谈”，我们一个小组的三四个人，拿着一根蜡烛，可以在宽阔的场地随意找地方坐下来。当时，我和另一个成年男人与一个十六七岁的男孩分为一个小组，因为当时与青少年夏令营一同进行的是家长课，所以这个环节也是家长与孩子共同上的一个课程。

由于时间有限，我们通常把做讲述人的机会留给来参加夏令营的青少年。而这个男孩确实有一肚子的话要讲，因为最近他正和妈妈闹腾的厉害，而他妈妈也正因为亲子关系而头疼，特意从外地坐火车赶到北京参加这次家长课的学习。

这个男孩开始讲他的故事，从他出生到家庭破裂，到近期才知道爸爸再婚的消息以及所带来的一系列对他的冲击。我才明白，他与母亲之间的关系根本不是核心问题，核心问题是爸爸以及所有的人都向他隐瞒了爸爸再婚的消息，而爸爸再娶的女人带着一个女孩，奶奶也把过去只给他一个人的爱分给了女孩一部分，甚至他判断新年的压岁钱奶奶之所以比过去给得少，是因为把钱都给了这个外姓的女孩！以前，虽然父母离婚，但是因为双方都没有再婚，只不过是不再住一起，所以，这对他的生活没有太大的影响。他与妈妈同住，妈妈赚钱不多，他就想办法从爸爸那里要钱，然后再打到妈妈的卡上，爷爷奶奶家也只有他这么一个孙子，非常宠爱他。而如今，爸爸要失去了，被其他女人以及孩子夺走了，连同失去的，还有爷爷奶奶的宠爱。他非常恐惧，也非常愤怒，还到奶奶家闹了一场，结果，一直宠爱他的奶奶竟然扇了他一耳光！他因为家庭的变化，爱的失去而没有心思学习，有时候翘课，有时候晚上找好朋友喝酒倾诉烦恼。而他的学业表现，深夜不归，喝酒抽烟的种种劣行，让妈妈不能接受，经常指责他，而他有时候懒得解释，更让妈妈恼火。

正是因为在如此放松而隐秘的环境中，男孩才将他的心底话向我们两个陌生的成年人全盘托出，而我们也从家长的角度，或者自己年轻时的角度以及心理咨询师的角度，接纳他，理解他，帮助他看到更多的视角。最终男孩感悟到：自己试图去阻碍父亲的幸福，干涉大家庭的运转，而这些都是为了保护自己的安全和在家族中的位置，但这是只关注自己，而未站在其他人角度考虑的行为，导致了整体的混乱，也让自己整日陷在烦恼中。自己能把握的只有自己的生活，最重要的是学业，其他人的事情，自己不应该去干预。

很多时候，我们能找人好好倾诉一下，一吐为快，自己就能慢慢看清楚问题出在了哪里。如果有专业人士的帮助，就更能跳出问题看清楚自己。

当我们只是一个讲述人的倾听者时，别人的故事也会引发我们自己的反思，或者联想到类似的事情和事件，而当我们反馈给对方自己的收获时，讲述人也会从我们这里获得价值感。所以，虽然表面上，讲述者是要通过小组人的帮助来解决自己的烦恼，但是无形中，他也是一个助人者，他不仅为大家无私而勇敢地贡献了自己的故事，还为大家反思自己提供了素材。

人们内心的困扰大多来源于人际关系的冲突，最好的解决之道就是利用团体的动力去化解。在成长小组中，小组成员能够明白，他们的问题不是自己独有的，其他的人也有相同的思想和相似的经历，这样他就不会感到孤独。在大家的支持下，在尊重的氛围里，在开放安全的交流中，可以探索未知的自我，疗愈受损的关系，与真实的自我相连结。

一个人可以走得很快，一群人可以走得很远，心在一起则走得更远，这就是成长小组的沟通与陪伴！

恰到好处的安慰

我不知道她说“还好”时，我要说什么，也不知道她说“不好”时，我要如何帮她，与其面对进退两难的尴尬局面，不如一开始就别开口。我怕安慰变成可怜，也怕“我懂你”变成敷衍，这个时候我觉得自己在左右摇摆中，往右能力不足，往左无济于事。

总有一种好心，得不到好报，如果不会安慰别人，可能就会是这样的结果。

朋友L向我吐槽说，最近她的一个朋友Y不仅在个人社交主页屏蔽了她，见着面还躲着她走，她给这个朋友发信息，也不回应她，原本的朋友关系变成这样，L搞不清楚问题出在哪里。

我问L，你们最后一次互动是什么时候？L恍然大悟，说是几个星期前她去安慰Y，之后Y发了一个朋友圈，大致意思是：不要向任何人诉苦，因为百分之二十的人不关心，剩下的百分之八十听了会很高兴。人生就是哭给自己听，笑给别人看！之后Y就对她设置了“不可见”。

很明显，L很有可能在这次安慰中，成了沟通的牺牲品，她原本的好心，被Y当成了“那百分之二十的不关心”，或者是“那百分之八十高兴的人”，不管哪一种，都已经被Y记恨了。

安慰别人真的不易，很容易踏进雷区，引爆危机。

○ 二次伤害

比如：有人病了，有的朋友这样安慰：你看你！就是不小心！你身子太弱了！我就一点事没有啊！——这不叫安慰，这叫雪上加霜。有人股市失利，有的朋友这样安慰：早就劝你不要贪，这下好，赔光了吧？做人不能太贪婪，及时走掉不就好了？不过赔了也不是坏事，这下可以安心工作了——这也不叫安慰，这叫给朋友的两肋插刀。还有的人扮演马后炮的讨厌角色：我早就知道会这样的，你当初就该听我的……当这种“事后诸葛”，不仅起不到任何扭转事态的作用，反而会火上浇油，引起听者的强烈不满。

原本以为是安慰，实则更像是幸灾乐祸，在伤口上撒盐。

有的人，本意是想安慰，可是因为不懂安慰人的艺术，不仅起不了抚慰别人的作用，反而形成伤害。虽说自己人不用多讲究，但不讲究到这份上，损害友情也是可能的。当别人对自己渐渐疏远，还不明所以，觉得好心全被当成驴肝肺，其实当初自己的安慰让人寒心了啊！

○ “比你更惨”

安慰人往往出于让对方好过一些的目的，试图让对方感到自己遇到的事情不值一提，从而减轻一些痛苦。

安慰的时候，通常会这样说：

“你那不算什么，你都不知道，我有一次……”

通过讲一个更悲惨的故事，就这样把话题中心转移到自己身上。

可是，这样的结果会好吗？

一个人在寻求安慰的时候，其实觉得自己是特殊的、受到伤害的，说你比他还惨，潜台词就是：你就是矫情。在寻求安慰者那里的大事，就成了你眼中不值得一提的小事。这样的安慰能让对方好过吗？

回顾生活中的一些场景，就能明白“比惨”的结果会怎样了。当妻子抱怨“每天在家照顾孩子，你知道我有多累吗？”丈夫给出的错误回应就是“你以为我在外面上班就轻松了？我一直加班加点地干，每天累死累活的！”妻子向丈夫抱怨，希望得到的是丈夫的认可和安慰。但丈夫上来就说自己更累，跟妻子“比惨”，这样说的潜台词会让别人有一种被批评指责的感觉，这样很容易激起双方的逆反心理，引起不必要的矛盾。

美其名曰安慰，实则变相谴责。

不只是在安慰别人的时候，即使是日常聊天，别人说了什么事情，你立刻就说自己身上的事，也很不礼貌。

安慰别人的时候，你不是主角，倾诉的那个人才是。

○ 提供建议或问题解决方案

当对方心情不好的时候，我们太想帮助对方，很容易给出我们认为的最直接的帮助——给出建议或问题解决方案，所以，可能会直接说：

“我之前不就跟你说过，你应该……”

“现在啊，你就应该……”

可是，当对方处于难受不安时，提供建议或问题解决方案，很少能得到好的回馈。因为，有时候当人心烦意乱时，不过只是想发泄或表达一下自己的感受，压根儿不想要什么解决方案。回想一下你自身的经历，当你正难过时，身边人在你耳边给你一条条说着方案一、方案二，你当时是什么感受？

更糟糕的是，当我们向对方提供不合时宜的建议时，这暗示着他们自己无法解决问题，这会损害对方的自尊心。而且，我们真的了解他人的感受和想法吗？很多建议，都是从自己的角度，依照自己的认知来提出的，并不一定适合对方的情况。

更招人恨的是自恋式地提建议，就是指有些人在安慰别人的时候，不仅喜欢提建议，还喜欢顺便夸耀一下自己。而夸耀自己的方式就是，滔滔不绝地讲自己在遇到同类问题时，是如何轻松解决的。

例如，你的好朋友考试没有通过，你安慰他说：“这个考试真的很难吗？我当时一次就通过了。只要英语基础好一点，考前熟悉一下题型就OK了。”

听到这种自恋式的建议，我们可能以后懒得理这个人了。还有的建议能直接让人断了关系。闺蜜和老公因为一些婚姻矛盾吵架了，跑到M这里哭诉，M陪着闺蜜大骂了闺蜜的老公，建议她就应该和这样的人渣离婚，并且承诺帮她去找律师咨询。没过几天，M在大街上看到闺蜜没事人一样亲热地挽着老公的胳膊，见到M就直接拉着老公走开了。乱给建议，就这样被现实直接打脸。

提建议的方式，散发着一股自恋气息，只会让你安慰的那个人，心情变得更加糟糕。

○ “别想了，睡个觉就好了”

当对方还处于伤心状态时，让他把所有问题都说出来，情绪就会得到极大的疏泄。这时候，非常忌讳的是被打断，一句“别想了，睡个觉就好了！”，让人欲言又止，卡在情绪中，如果正说在劲头上，这么一句更是会令人如鲠在喉，阻断了对方发泄的情绪。

别人诉苦，遇到很糟糕的事，这本来是他的事，跟我们没什么关系。但是面对别人心情不好的时候，我们就给自己提要求了：他很需要我，我要安慰他。可是有时候我们自己也一地鸡毛，无力照顾别人，感觉压力好大。

有时候，不是别人的负能量让你感觉到烦，是你“我要安慰他”的想法让你烦了。你把别人的诉苦，当成了对你的要求。

如果你能有界限，分清楚别人诉苦是别人的事，跟你没关系，你不必非要安慰他、帮助他，你就不会感觉到烦了。

可是，我们有时候界限不清，看到别人不开心，就觉得自己有责任和义务似的，看到别人不开心，自己还置身事外，就是个坏人似的。所以，这时候就容易慌乱。比如，一个妈妈看到孩子哭的时候，就开始烦了：怎么又哭了。因为她在要求自己去哄他，可是有时候又没有能力，自我矛盾很难受，就以烦表现出来了。

如果我们对自己的不开心只有压抑的能力，没有消化的能力，自然我们会认为需要安慰的人也没有消化不开心的能力。

听别人诉苦，你以为你在听，其实你的内心深处已经开始抵触了，烦乱就出现了。一旦焦虑感上来，就得做点事情来抚平自己的情绪。

做什么呢？

于是，我们选择敷衍对方："别想了，睡个觉就好了"。这样可以有效地让对方闭嘴，至于有没有安慰作用，是不是真的为对方好，就跟自己没关系了。

对方内心充满了疑惑，需要通过诉说帮自己理清楚，可是被这么一打断，大脑就短路了，无法继续思考原来的问题，情绪被强制暂时中断，压抑情绪反而严重了。

我们满怀着一颗安慰别人的心，但是说出来的却是伤人的话，反而把对方的心情搞得更加糟糕，这绝对不是我们想要的结果。

如何给予对方及时、有效的安慰，能体现出一个人情商的高低。因为从心理学的角度来分析，情商不仅包括如何管理自身情绪的能力，还包括如何调控他人情绪的能力。而如何有效地安慰别人，就属于调控他人情绪的能力。

安慰人是一个技术活，是需要有专业能力的。在操作上稍有不慎，就会影响自身与对方的关系，甚至交情断绝，可是看着亲爱的人受苦，自己不能帮上什么，又感觉百爪挠心。

有人这么描述在人际中因为想安慰又不知如何安慰的这种两难的困境：“即便我会睡不着，惦记着她，却‘死’也打不开那个对话框问一句：‘你还好吗？’我不知道她说‘还好’时，我要说什么；也不知道她说‘不好’时，我要如何帮她，与其面对进退两难的尴尬局面，不如一开始就别开口。我怕安慰变成可怜，也怕‘我懂你’变成敷衍。这个时候我觉得自己往右能力不足，往左无济于事，哪边都是错。”

不能踏进安慰人的雷区，连建议都不能给的话，那该怎么做？情感支持式的安慰，对我们大部分人来说都是陌生的，或不善于应用的。我们不太懂如何去面对一个难过的人，面对交谈中的沉默，面对那些悲伤难过，甚至是我们自己都无法处理的情绪，这真的不容易。

安慰别人的力度到底该如何拿捏呢？

○ 表达即疗愈，做一个良好的倾听者

一个良好的倾听者，不仅可以帮助对方更好地宣泄情绪，更重要的是，倾听者在认真倾听的同时，也向对方传达了“我很尊重你”的信息。当一个人“受尊重”的需求得到满足之后，他心理上的痛苦症状也会减轻。

倾听不只是简单地听对方说，你需要有极强的专注力，需要我们全然地投入到另一个人的内心世界和经历当中，你要把自己放下，全心关注对方。如果是专注力不强的人，没几分钟就开始走神了。你可能会把关注点放在自己身上，因为对方的某些话联想到自己经历的某

些事情和情境，忍不住说起自己的某些想法；或者貌似在听，其实大脑里在想“我是不是哪里说错了？”“我这么说，会不会伤害到他了”。

有控制不住表达欲的人还没等对方把话说完，就把话题引到自己的事情中，反客为主。如果你在谈话的时候很容易插话、不擅长倾听，请确保在倾听时不要忘记多重复这样的话就可以了：“哦，哦。是吗？还有呢？原来是这样啊！哦，哦。”如果感觉自己长时间不回应，对方会不舒服，也可以用些简单的词语来回应，鼓励对方说下去，并确保他说完，倒尽。这样的倾听可以给人一种被接纳的感觉，让对方觉得自己的心情有人能够看到，自己的心声有能人能听懂。

能力更强的情感陪伴者，不仅会做到倾听，还会使用方法帮助对方把情绪彻底宣泄出来。

○ 给对方无条件的陪伴

最常听人说：陪伴是最长情的告白。陪伴，看起来很简单，其实很困难，困难到少有人能够做好。为什么呢？因为看到自己关心的人那么伤心，大部分人觉得任何事情都做不了，我自己心里不舒服。总需要做点东西来表达我对他的关心关怀啊，不然怎表现得出来我对他的好呢？如果只是陪伴，那岂不是和什么都不做一样，怎么能够让我自己觉得是因为我的付出他才从悲伤中走出来了呢？如果只是陪伴，那我的热情该如何释放？如果只是陪伴，那我帮助他让他好转的成就感从哪里来？如果只是陪伴，没有任何给予，别人会不会觉得我根本没有用心去帮他，不愿意为他付出任何东西呢？大部分人都会这么想。

所以，要做到静静地陪伴，真的很困难，因为我们需要应对来自我们内心的、外界的、舆论道德的重重压力。然而，我们必须要认识到一个非常重要的问题，那就是这些都是我们的需要，并非正处于痛苦中的对方的需要。

有些不善言辞却很真诚的人，在“陪伴”上反而能做得更好，更能令人暖心。

小包就是一个有些“嘴笨”的人，大学的时候，他的好朋友阿杰和女朋友分手了，被甩的阿杰像霜打的茄子般，整日萎靡不振。

身边的朋友轮番上阵，一有时间就劝他，说感情是双向的，没有谁离不开谁，失去一棵树会得到一片森林。反正说来说去就那几句，都是被大家用烂了的安慰之语，阿杰自然也是左耳进右耳出，完全没有效果。

小包也不知道怎么安慰阿杰，就在每次晚自习之后，约着阿杰去操场跑步，一圈又一圈，整个过程，全然不提任何关于爱情的话题。

某次跑完步，两人坐在草地上休息，阿杰突然问小包：“不知道为什么，跟你一起跑步整个人心情爽多了。可是，大家都在劝我看开点，为什么就你没说一句安慰的话呢？”

小包憨厚老实地说：“我觉得那些安慰人的话，说再多其实都没用，倒不如陪你一起跑跑步。”

很多时候，对于失落的人来说，安慰的话他们早已听烂了，就连自己在心中都不知道告诉自己多少遍了。

他们需要的其实已经不是话语上的支持了，而是有一个人能真的陪在自己身边，让他感受到陪伴的温暖，让他知道即使天塌下来了，他也不是一个人在撑着。

○ 行动是最有力的安慰

英语中有一句谚语，“Action speaks louder than words.”这句话可以这么理解：当朋友需要安慰的时候，说那么多有什么用，不如撸起袖子来真正帮他做点什么。

别人为什么而难过？别人忧虑什么？有些事情可能是自己解决不了的，但有些事情可能别人解决不了但自己可以。问题得抓根源，不要浮于表面，几句好听的话固然不错，但行动更有力量。

安然一想到初一时同学们帮助自己那件事就特别感动，虽然事情已经过去了二十多年。那一年，她因为父亲的工作原因，从城市转到一个偏远的农村中学上学。当时上数学课的时候，老师在课堂上经常用到一本习题集来做课堂练习。这个习题集是当初统一订购的，但是因为安然是后来的转学生，自己买不到这本习题集，上课的时候只能干瞪眼。那时候农村没有复印机，于是班上的同学开始自发地帮安然抄这本习题集。经过一个星期的努力，六七个同学硬是为安然手抄完了一本习题集。最后，他们将这本“手抄版”的习题集作为礼物送给了安然。

对安然来说，这是最棒的安慰方式。那时的同学虽然不知道说什么漂亮的话来安慰别人，但却通过真心实意的帮助，让安然感受到了这个世界的温暖。

设身处地主动帮忙往往是最有效的方式。如果直接问：“有没有我可以帮忙的？”但未必好意思直接说。探察问题主动伸出援手的方式，会更好一些。

比如，朋友的亲人去世了，如果说一些类似“看开点”“逝者安息，生者如斯”之类的话根本没有任何安慰作用，还不如在获得对方允许的情况下，在对方有实际困难的时候给予实际的帮助。例如丧葬费用、善后花费、家庭或工作事务暂时代理等等。如果对方暂时没有任何需要，那你只需要告诉对方，在他有需要的时候随时来找你即可。

在帮助别人的时候，要分清楚，哪些是因为我们自己的需要才做的，哪些是当事人真实的需要，只有分清楚了这些，我们才能够给到当事人真真切切的帮助和爱。

有人说：“人类的悲喜并不相通，他们只觉得你吵闹。”相信说这句话的人，可能是没有好好地被别人安慰过吧。

虽然想做到恰到好处的安慰真的不容易，希望每个人都有能力成为安慰者。

先通情，后达理

通情，就是在情绪层面上去对接、联结，在情绪层面上去调整、共鸣。使用同理共情的工具，让对方暴怒的情绪得以舒缓，让哀伤的情绪得以平复，让焦躁的情绪得以缓和。

通情达理，是对一个人很高的评价，不过这个词不止是形容一个人很明事理，说话、做事很讲情理，它还是与人发生冲突的处理指南，是处理各种关系问题的黄金法则。它其实也在强调，处理关系和沟通问题时，是有一定步骤的，一定要先通情，然后才能达理。能做到通情达理的人，情商都不低。

○ 情绪需要被看见和接纳

六岁的男孩淘淘和好朋友皮皮玩的时候，皮皮总以破坏淘淘画好的画为乐，被惹怒了的淘淘气冲冲地回家了。

路上妈妈见他还在生气，轻声问："你现在是不是觉得很生气啊？"

淘淘很小声地说："是。"

"那你现在有什么想说的话吗？"

"我想说，皮皮你很讨厌！"

然后淘淘的眼圈就红了。

妈妈继续鼓励他说："你可以大一点声说吗？"

淘淘又稍稍大了一点声音说："皮皮，你很讨厌！"

妈妈问："现在感觉怎么样了？"

淘淘说："感觉好点了。"

晚上的时候，淘淘对妈妈说："我现在还是很讨厌皮皮。"

妈妈继续鼓励他说："那你现在想说点什么，做点什么呢？"

淘淘说："我想把拖鞋扔出去！"

在妈妈的鼓励下，淘淘用力把拖鞋甩出去，口中同时大声喊道："讨厌！"

随后，淘淘的眼泪咕噜一下滚了出来。

妈妈鼓励儿子再扔一只拖鞋，淘淘就又用力甩出去一只，结果拖鞋在空中划了个小弧线，扑通一声掉进了马桶里。母子对视一眼，淘淘忽然破涕为笑， 情绪明显好起来了。

然后，淘淘在沙发上打着滚说："皮皮真讨厌，我喜欢皮皮，皮皮真讨厌，我喜欢皮皮，皮皮真讨厌，我喜欢皮皮……"

反复说了好几遍，最后表示要邀请皮皮来家里吃晚饭。

这个妈妈在孩子对朋友产生情绪并愤然离去时，并没有给他讲：

好朋友之间要相互体谅、不要和朋友斤斤计较之类的大道理，而是引导孩子认识到自己的情绪，识别自己的情绪，并且用安全的方式发泄掉自己的情绪。这就是“通情”。

通情，就是在情绪层面上去对接、联结，在情绪层面上去调整、共鸣。使用同理共情的工具，让暴怒的情绪得以舒缓，让哀伤的情绪得以平复，让焦躁的情绪得以缓和。情绪的感受和表达属于我们右脑的功能范畴。

妈妈没有在孩子充满情绪的时候去和他讲道理，这是因为当一个人陷于负面情绪的时候，理性和逻辑往往不起作用。只有当他的情绪被理解接纳了，心绪平和下来之后再和他分析问题、讲道理才会起作用，才能做到“达理”。甚至有些时候，根本不用外人去干预，自己的情绪平稳了，自己就能做出理性的分析。

达理是指在理性、逻辑的层面上去明白道理、达成共识、解决矛盾。逻辑思维、分析理论和讲述道理属于左脑负责的部分。

先“通情”，后“达理”，这两个步骤顺序不能颠倒，因为人的大脑就是这样工作的。很多家长抱怨孩子：“怎么就不讲道理呢！”或者说：“这么点道理，怎么就不理解呢？”其实就是因为没有先和孩子“通情”。

例如，孩子因自己养的一只小乌龟死了而伤心不已，不停地哭。爸爸走上来说：“别哭了，不就是个乌龟吗？爸爸再给你买一个不就完了吗！”孩子听后哭得更厉害了。这时，孩子哭的不仅仅是乌龟的死，更是因为他的情绪不被接纳和理解。如果爸爸这时候能告诉孩子：“失去一个好朋友确实是会让人很难过。”这样，孩子或许会更好地面对现实和自己的感觉。

当一种情绪被看见、被接纳，得到适当表达时，就会自然消退。就像是被大坝拦住的滔滔洪水，及时放闸泄洪，就能回归平静。

○ “通情”，最重要的是共情能力

共情能力是在“通情”过程中最重要的一种能力，指的是一种能设身处地体验他人处境，从而达到感受和理解他人情感的能力。共情的目的不是帮对方解决具体的问题，而是需要将自己放下，全然地关注对方。

在倾听的过程中，我们要注意的一点就是，我们的目的并不是“帮助”对方或帮助他解决什么问题，我们要做的只是真诚地了解对方的感受。

因为对方在大多数情况下，真正想要的并且需要的其实是你的一丁点儿理解而已。

可是我们常会犯错，比如一个人遭遇了什么不开心的事情，我们多会以自己的想法、感受和价值观，来善意地帮助他。

比如“既然事已至此，我们只能……”，“你可要自己想开啊……”。

可是我们却没有专注于别人的想法、感受和价值观。

表达“共情”不只是简单地用话语，有时候更需要学会站在对方的角度，结合行动去引导对方。

简单的“说教”或单纯地动一动嘴巴，没法真正走进对方的心里，所以往往难以触动对方，也就无法与对方产生“共情”。

产生不了“共情”，自然也就无法引导对方。

面对一位认为自己是一只蘑菇，于是就像一只蘑菇那样蹲在角落里不吃不喝的精神病人，你会怎么做来引导他呢？

一般人很可能会习以为常地对着他大吼：“赶紧起来，你不是什么蘑菇！”甚至过去拽他站起来。但不论怎么说或拽，对方往往依然无动于衷。

那么真正懂共情的人又会怎么做呢？

他通常不会简单地“说教”，而是会蹲坐在那位病人的身边，假装自己也是一个蘑菇，进入到对方的世界里去和他交流，然后逐步引导病人，很自然地将他引向像正常人那样生活。

这种理解和接纳，是人和人关系中的无价之宝。

○ “通情”不利，后患无穷

当一种情绪没有机会表达，又不能自然消退时，它通常是被主人强制镇压下去了。

例如上述的例子，有些家长面对有情绪的孩子使用的方法可能是：

“别伤心了，我给你买最喜欢的玩具吧。”这是贿赂和交易。

“朋友之间闹矛盾很正常的，你一会就会好了！”这是否定孩子情绪。

“你还有完没完啊，一点小事，就哭哭啼啼，哪有小朋友像你这样的！”这是指责。

“你再哭，周末就不许看动画片了！”这是威胁。

“还哭，妈妈不爱你了啊！”这是更大的威胁。

这时人的情绪并没有得到疏解，但又不能表达，因此就只能积压在心里。情绪是一股能量，如果不能流动，能量长期累积就会导致生理疾病或心理疾病。

美国著名的精神神经免疫学的科学家甘蒂丝·柏特（Candice Pert）发现那些包含情绪的分子分布在人体全身，这些承载情绪的分子储存了我们一生所有的经验。过去卡住的感觉与情绪，无论我们的头脑记得与否，都会保留在这些细胞里。这创造了我们的潜意识，因为这些情绪分子在我们的全身，所以我们的身体就是我们的潜意识。

有人以为暂时的情绪没什么，时间会冲淡一切。其实，我们的潜意识功能强大，能够随时记录一切信息。没有得到表达的情绪，会以“负号”记录在潜意识中，积累多了，随时都会脱笼而出，令我们猝不及防。

有一位女士，在婚后一直和公婆过着三世同堂的生活，她非常希望能够有自己的空间，跟丈夫提过几次想搬出公婆的家，都遭到拒绝。后来她也慢慢不再提这件事了。再后来，她突然得了肺癌，检查出来的时候都已经是晚期了，两次化疗之后，她住进了特护病房。因为家庭经济情况较好，她的病房是一个三十多平方米的套房，有一个小的会客室，从卧室的窗口可以看到外面的草坪。

除了接受西医的治疗外，她的家人还帮她找了一位著名的心理治疗师。面对一切的治疗她都显得很平静，家人问她需要什么，她只说希望丈夫、儿女每天都来看看她，事实上她丈夫基本上晚晚都睡在小会客室陪她。当心理治疗师在一次催眠治疗中问她，这辈子最大的心愿是什么？

——“我希望有一个自己的家，跟丈夫、儿女在一起，有自己的房子，不用很大，几十平方也可以，可以看到外面绿色的植物。”

——“那你希望住多久？”治疗师问。

——“不用很久，几个月就好。”她平静地说出自己的心愿，嘴角滑过一抹连她自己都没有察觉的微笑。

是的，此时医院的房间就是几十平方，她也没有几个月的生命了。她用自己的身体表达了自己内心的渴求，终于获得了如此的实现。

世界心理卫生组织指出，70％以上的人会以攻击自己身体器官的方式来消化自己的情绪。

一位朋友在前夫有外遇后，得了严重的盆腔炎，久治不愈，故不能有性生活，其实是她的身体帮她说出了她那时没有说出的话：“不！我不会再跟一个背叛我的人在一起！”

有些情绪，并非是此时此刻因为某种事情发生而造成的，因为对于同一件事情，不同的人会有不同的情绪和感受，那是为什么呢？就是因为这种情绪是我们成长过程中受到各种的创伤。我们通常被命令“不准哭！不许发脾气！……”于是，这些被卡住的能量聚集在身体里，就好像戴上了一副愤怒、怀疑或恐惧的有色眼镜，而透过这样的有色眼镜去看这个世界，又会为自己重复制造不好的情况。

如果有像淘淘妈妈这样的父母，有这样的示范行为，那我们在成长过程中情绪处理方面的能力也会更强，但是若没有这样先天的好条件，我们就需要注意自己的不良情绪以及身体反映出来的问题，必要时候寻求专业的心理帮助。

表里一致的高级沟通

表里一致的沟通，我们不仅要对自己内在的情绪、感受、渴望有所觉察，更需要我们有真实面对、敞开自己的勇气，有时候，和别人分享自己真实的想法、观点、梦想和希望并不难，难的是分享自己的恐惧、焦虑和悲伤。

医学界提供的数据表明：超过60%的医疗事故，包括死亡、严重的身体伤害以及心理创伤是由“糟糕的沟通”造成的，即使不提这些生死攸关的时刻和专业的研究，在日常生活中“沟通不当”也是导致误解和冲突的重要原因。

○ 表里不一的沟通比比皆是

我们说的话和听到的话，受到了太多曲解，其实很多时候并非说话人的本意，结果也南辕北辙。

比如妻子精心做好了饭菜等丈夫回家，丈夫却回来很晚，一进门，妻子劈头盖脸地一顿指责："你看看时间，都几点了？你还知道回来？！这么晚了你到底死哪去了，你就是个不顾家的人！"于是一场"家庭战争"开始了。其实，妻子很依恋自己的丈夫，非常希望他能早点回家陪自己，结果她在沟通中只注重自己的感受，这么一番指责，只能让丈夫的心距离自己越来越远，人就更不愿意回家了。

一个非常在意别人感受，处处说话小心谨慎的"好好先生"，也为人际沟通的事情烦恼不已："我以为在和别人相处时只要顺从他人的想法就可以过得舒服些，没想到越过越累，事情也并没有变得更好。我就不懂了，外面那些不会顾及女生感受的男人反倒让女孩子爱得死去活来。我为了她处处退让妥协，她对我的付出却视而不见。工作也是这样，和同事负责同一个项目，他说什么我就做什么。其实我并不是没有主意，只是为了相处和谐，我都选择退让，可最终结局都是吃力不讨好。我觉得自己好累。"

这种不自觉的讨好，会使我们习惯忽视自我的感受，而是把满足他人和情境的需求放在首位。我们在潜意识中给自己塑造了好孩子、好同事、好伴侣的形象，但是对方却并不一定领情，甚至对我们忽视和贬低。

一个女儿提到自己的妈妈就生气，尤其是遇到不顺心的事情想和妈妈倾诉时，妈妈只会说三句话。第一句是：我也帮不了你。第二句是：妈妈这辈子也就这样了。第三句是：什么事就只能靠你自己了。最近自己失恋了，本来想找妈妈安慰一下，结果妈妈又是这三句令人感觉丧气和无力的话。这个女儿非常反感甚至感觉愤怒，心想以后有什么事情我再也不和妈妈说了。而实际上呢，这个妈妈文化程度很低，平时靠打零工供女儿上学，她原本很心疼女儿，但是由于语言能力表达有限，在沟通中给了女儿一种无奈、拒绝甚至不耐烦的感受。

在沟通中，如果只关注自己的感受，就难免指责抱怨别人，伤害与别人的感情，而如果过于在乎别人，又会委屈和伤害自己。如果本来很在意别人，却又没有能力表达，也无法做到表里一致的沟通。因此，能够充分地表达自己的感受，又能不伤害别人；能充分地理解对方，又不让自己憋屈，这样的沟通并不简单。

无论是一言不合就指责别人，还是像“好好先生”那样的讨好，或者选择逃避，每个人习以为常的沟通模式并不一样，也给我们带来不同的影响。如果在沟通中总是感觉很累，那可能是自己的沟通模式出了问题。

表里一致的沟通模式是一种高自尊的应对方式。当我们处于表里一致时，我们既可以意识、觉察到自己的感受和体验，也能够承认、理解和接纳它们，并且能够表达它们。倾听我们的知觉和期望，并通过察觉我们深层的渴望，将外界和自身条件通过行动转化为满足我们需求的可靠方式，从而充分发挥我们的潜能，使我们的身心保持和谐、平衡状态。简单地说，就是我们所说的话和我们身体的感受是一致的，我们能准确表达出自己。

○ 表达自己的真实感觉和渴望

精心烹制晚餐的妻子等来的却是晚归的丈夫，她真正的感受是什么呢？焦急、担忧与伤心。妻子如果说：“老公，你回家晚，我很担心你。”不做评论、不做批评，就是单纯直接地表达切身感受，这样，丈夫就不会觉得烦，而会真切地面对这件事情。

表达了感受，妻子渴望的是什么呢？是丈夫的陪伴，渴望一家团聚的晚餐。接下来夫妻就可以这样探讨，“老公，你一天都忙工作，我很希望在吃晚饭的时候我们能够在一起。”

“我也希望，今天因为XX事情耽误了，很抱歉，以后我会提前打电话，并且尽量多抽出时间陪伴你。”当明白妻子深层的感受与期待的时候，丈夫自然也会做出妻子期待的决定。

多用“我”开头来表达自己的感受和内心深处的渴望。不评判、不指责别人、不给别人下定义，才能做到真正表里一致的沟通。

再比如女孩和男朋友约会，可是男朋友迟到了，如果女孩张口就来：“你怎么可以迟到这么久，你怎么这么不守时！”本来男朋友迟到了挺内疚的，结果被指责后，反而觉得迟到无所谓，是女方在小题大做、无理取闹了。

有时候，人和人之间的分歧就是这样被放大的。

倘若女孩换个方式来表达：“你来晚了，我觉得很生气。守时对我来说是很重要的一个品质，我觉得你这样做是对我的不重视，我希望你下次不要这样了。”结果一定会大不相同。

前一种只是在表达受伤和愤怒的感受，而后一种则是把自己真实的感受和期待表达了出来。只针对行为而不否定他人。我们把自己放到这种情境里的时候，感受就会很不一样，后一种说话方式是有力量的，而前一种虽然嗓门高但是内心却是无力的。

面对一颗真诚的心，我们也会拿出真诚的态度来就事论事地解决问题，而不是陷入无休止地情绪发泄中不能自拔。

○ 放弃严重自损的“讨好式沟通”

“好好先生”的讨好式沟通常常以一种令人愉快的面目出现，但是讨好以牺牲自我价值为代价，它否定我们的自我，并传递给人们这样的信息：我们是不重要的。

在同事中，讨好者从不发脾气，也不和其他人发生矛盾。今天帮人改个文件，明天写下文案，总能尽力满足对方需求，即使有时牺牲自己的利益。讨好者几乎难以拒绝任何人请求，即使无礼或过分的，都会无条件满足对方。讨好者一个明显的特征就是忙于平息各种麻烦。只要人们看上去有一点点痛苦，我们都把自己的时间、金钱献给对方，以减少他们的困惑和麻烦。我们会表现得好像自己的存在就是为了解决他们的麻烦。

讨好者其实很细腻，总能敏锐觉察别人的需求，但当被别人夸奖时，会觉得很不自在，甚至反驳他们。

讨好者总是找自己的问题，容易产生愧疚感，一旦什么事情进展不顺，就会觉得都是自己的错。

“委屈自己、成全别人”是讨好者的特征。为了感受到“我是重要的”，讨好者放弃自己的权利，并依赖他人或事物来定义自身，这是一种不安全也不完善的方式。

讨好型人格的真正问题，甚至不是把自己搞得很累，而是这样做根本不能讨好。越是讨好别人，别人就越不把你当一回事，越看不起你。而你自己也会愈加觉得自己一文不值。更可怕的是，一旦别人接受了你讨好者这样的人设，之后只要稍有拒绝或排斥，就会遭到比普通人更多的不满和非议。

讨好者长期的自我压抑还会造成生理紊乱，典型的症状就是肠胃疾病，特别是溃疡、腹泻、便秘和恶心呕吐等消化道疾病，以及偏头痛，甚至糖尿病。这就是为什么在服务行业中，产生工作倦怠的个体比例是如此之高。

如此自损的讨好者沟通模式，是一定要改变的。否则，这样的委曲求全与讨好，只会给全世界伤害自己的权利。

首先，不要害怕拒绝别人。只要自己的理由正当。当一个人开口提出要求的时候，他的心里本就预备好了两种答案。所以，给他任何一个其中的答案，都是意料中的。张口说“不”其实一点也不可怕，无底线的“老好人”只会让人觉得你没有原则。

另外，要勇于表达自己的观点。“你说的对”“随便吧”“听你的”……这些都是“讨好型人格”的口头禅，逐渐地，我们丧失了表达自己观点的能力。然而，无论在工作中还是在生活里，最重要的能力之一便是有自己的主见，观点碰撞是一件很正常的事，不见得他就是对的，你就是错的。

最重要的一点，就是讨好者要学会自我接纳和自我认可。讨好者一般会认为：我必须帮别人做什么，或是忍受什么，别人才会喜欢我。这背后的原因是自己无法接纳自己，必须要通过外部来获得肯定。那么，如果不需要靠别人喜欢自己，能自我实现的价值是什么呢？自己能肯定自己的地方有哪些呢？每个“讨好型人格”的体内都住着一个敏感脆弱的小孩，但我们要努力试着让这个小孩强大起来，让他明白自己的珍贵。

○ 表里一致的沟通需要自我成长

中国人本来说话就讲究含蓄，有时候“犹抱琵琶半遮面”，让人猜不透就容易造成误解。

比如恋人之间，就可能有这样的对话：

男：“咱们吃点什么？”

女：“随便”

男：“去吃肯德基怎么样？”

女：“卡路里太高。”

男：“去吃火锅怎么样？”

女：“太辣！”

男：“那你说吃什么呢？”

女：“随便。”

自己的想法不表达出来，总是想让对方猜，对方猜不到自己还生气，很多没必要的冲突就是在这样的情况下产生的。有很多时候，我们会理所当然地认为对方应该知道我怎么想，这绝对是一种自我的幻觉。

另外，受教育和不善表达情感的文化习惯影响，有时候本人不清楚也不能表达内心的感受、观点和期待，不表达内心的关爱或是担忧，也会令倾听者与自己的理解大相径庭。

前文中女孩对妈妈的失望甚至绝望，就是源于妈妈不懂得如何表达。

其实，仔细分析妈妈的那三句话，“我也帮不了你”“妈妈这辈子也就这样了”“什么事就只能靠你自己了”，这里面包含着妈妈对女儿失恋的遗憾、无奈、自责和对女儿的心疼、支持、信任和鼓励。

如果用表里一致的方式，将妈妈的意思完整地表达出来会是什么样呢？

“女儿，听说你和男朋友分手了，心里很难受，妈妈心里也很难过，我为此感到很遗憾。作为妈妈，我真的希望能够做点什么帮助你度过这一段难过的日子，可是我距离你那么远，无法陪伴你；另外，妈妈文化水平低，不知道怎么说才会让你好受一些，有时候觉得自己好没用。你一个女孩子家出门在外，不管遇到什么样的事情都只能一个人扛着，妈妈真的很心疼你。好在，在很多事情上你已经比妈妈强多了，希望你能和以前一样，可以顺利度过这一关。”

当这个女儿在心理咨询师的帮助下，结合成长的背景，将过去妈妈说这些话时的场景回忆下来，广角式地去体验和解读妈妈想传达的真实信息时，早已经泪流满面，也承认这才是妈妈真正想说的。

语言是用来表达我们内心的工具，如果我们不善用这个工具，就会在人际沟通中陷入被动。而表里一致的沟通，需要我们不仅对自己内在的情绪、感受、渴望有所觉察，更需要我们有真正敞开自己的勇气，有时候，和别人分享自己真实的想法、观点、梦想和希望并不难，难的是分享自己的恐惧、焦虑和悲伤。

而在人际关系中，最受他人喜欢的三个品质是：真诚、诚实、理解，最让对方讨厌的则是：说谎、假装、不老实。记住，在沟通中，真诚是最容易被理解和接受的。

表里一致的沟通模式，确切的说，它是一种完满状态的生存姿态，是我们决定成为更加完善的自己的选择。

与过去的自己和解

重回故里，最重要的是完成与过往时光的对望，要和旧人、旧情、旧事和解，达到释怀。

每年春节，中国的十几亿人，会在这同一时间段里，南北大迁移，人们坐火车、坐飞机、坐轮船，甚至骑摩托，用尽各种方式，都要回到故乡。为什么人一定要回到故乡？难道仅仅是为了看父母吗？

我们回到故里，是要和我们成长的那段时光相连接，与见证我们成长的朋友们相聚，甚至我们和小时候的自己“相会”。这个过程其实是我们在重温故乡给予我们的所有烙印、资源，甚至是过往的伤痛。

我们的心底都有一个源头。

○ 回故里，纪念旧日时光

故乡，那里是一个人最初的缘起之地，如果想更好地了解自己的来源，就非常有必要回故乡走一趟。

重回故里，人总会产生一种淡淡的乡愁，还有一种浓浓的深情。去你出生的地方和读过书的学校走一走，回顾一下成长的历史，在哪条路上大声背过书；在哪面墙前被罚过站；在哪棵树下做过游戏；哪个老师自己最有印象……当时最快乐与最痛苦的回忆都是什么？通过这样深度的自我沟通，抵达自己的过往。这样能提炼出很多有价值的东西。

○ 完成与过往时光的对望，以求释怀

泰国电影《时光机》讲述了学习设计的小琴从瑞典学成之后重返故里，为追求生活方式的改变，用“断舍离”的方法，将堆满旧物的家改装成极简主义风格的故事。在清理家中这些物品时，小琴原本想把这些物品全部打包丢掉，但是这些旧物后面所链接的情感羁绊让她不得不重新考虑旧物的处理方式。她将物品尽量地物归原主，以完成人与情感的真正告别。

其中最难的是面对旧日情人——安哥。当年小琴出国前安哥送了她一台胶片相机，她不但没有带去而且还断绝了联系。安哥由于小琴的“抛弃”，这几年的生活一团糟。旧日情感的触碰，影响了安哥新的感情，安哥把他的两箱属于小琴的物品也还给了她，并且表示自己不会原谅，安哥和自己并不爱的新女友也分手了。

重回故里，最重要的是完成与过往时光的对望，要和旧人、旧情、旧事和解，达到释怀。当然，可能有些人、有些事无法释怀，但是也一定会给我们更深的内省和反思，这也是一种成长。

○ 巨大参照，认识自己

回到故乡，遇到故人，我们才会知道时间烙刻在我们身上的痕迹，也才明白，人只有在关系中才能看清自己。

离开家乡多年后回老家，当我在公路上准备搭公共汽车去县里办事时，老姨帮我拦住邻居小伙子开的一辆车，看能否搭个顺风车。只见那小伙子高高大大、帅气十足，我不自觉间还有些少女般的羞涩，悄声问老姨："这是谁呀？""大晶晶呀！""啊，是大晶晶！"天啊，这是我记忆中那个四五岁的、胖嘟嘟的、擦不干净鼻涕的小男孩？他应该叫我姑姑的吧？

天啊，难道，难道，我已经老了这么多了吗？我还保有着少女心，而当年那下一代的幼童已是壮男。这是何等的错乱啊！

后来又一次偶遇同学，让我的感触更深。

每逢阴历的三、六、九，是家乡赶集的日子，也是镇上的人聚集的日子。我多年不去赶集了，这次终于可以凑个热闹。小时候，和邻居去赶集，一般都坐马车和毛驴车，或者骑自行车和摩托车，如今，赶集的交通工具也更新换代，一律改乘小摩的了。当我乘坐的小摩的行驶到下一个村子时，一个穿着一身黑装的中年女人领着一个穿一身白的少女也坐了上来。

一见那少女，我心情立刻激动起来，这不是××吗！当年那个和我虽不同班但一届的，相互惺惺相惜的那个白衣女孩，与记忆一样的甩来甩去的马尾，一身紧凑的、充满活力的白衣、白裤，快乐而青春的脸庞，多么美丽的一道风景！

正当我激动兴奋地要和她打招呼时，理智及时叫停了我，我瞠目结舌地呆在那里：是啊，眼前这个白衣女孩怎么可能是我记忆中的那个人呢？！时光过去多久了，那是初中时候的事情了！

当我把目光转向那个胖胖的、黑黑的、眼角已经出现明显皱纹的女人——是的，这个才是她！即便我再不愿承认，我也不得不承认，是的，这个才是我记忆中的那个她……那个简直是她翻版的白衣女孩，应该是她的女儿才对。

这种巨大的反差让我感觉有些失落，忽然不想向她搭讪了。不知道她是否也认出了我，我们各自沉默着。小摩的将我们载到共同的目的地。各自下了车，我们始终没有说一句话。

如此的感觉，在童年生活的地方才能有如此强烈的体验，这种体验，应该就是——恍若隔世。

○ 人生参照物标示我们的存在

时光无情地向前，当我们没有参照物的时候，自己是看不到自己的。我感受到了沧桑和变迁，也对随意抛掷的时间感觉深深地愧疚。我们的一生，在有限的、逐渐消逝的时间里，还能干点什么有价值的事情才不枉费这一生呢？

如此，我也对“死亡”这个话题有了更深的理解。当你身边熟悉的事物都在消退，慢慢从这世界上消失，曾经爱过的、欣赏过的、厌恶过的人和事都在从你身边消失的时候，其实，我们自己也在逐渐消失，就如同黄土逐渐埋葬自己的过程。这时候，还有什么不能接受的现实？时间就是这样向前发展的，自己就是时间洪流中的一个小水滴而已，终究要融合在这片汪洋中。

由此说来，在这个世界上爱过、恨过的人，所有对自己有或深或浅影响的人，其实都是应该感激的。尤其是产生深刻影响的人，即便是恨。因为这一切证明了自己的存在，当这些证明自己存在的参照物都消失时，我们也就失去了在这个世界上存在的理由。

做自己人生故事的导演

我们有意识地记住了一些东西，并且很可能还对它做了很多美化；我们同时又刻意忽略了一些东西，仿佛它们不曾存在过，而不同的选择就构成了不同的人生故事。

作为一名心理咨询师，更是作为写回忆录的受益者，我经常建议身边的朋友在闲余的时间，或者是迷茫无力的人生阶段，去回顾一下自己的人生故事，并且把它写出来。这个写作的过程，就是梳理自己人生的过程。自己的过往，就像一块块碎片，当你把它们拼接起来的时候，你就会感受到自己独特的价值以及与重要之人的链接。这就像为自己的生命做了一次“捞金”，也可以说是一场生命的“断舍离”，时间自然会帮你过滤掉那些没有意义的记忆，而留存下来的，无论是让你痛苦的，还是让你快乐的；无论是让你感动的，还是让你感恩的，都将是对于此刻的你最有价值的。而你全新的成长之路，就可以从这里开始。

○ 整理自我的碎片，让自己更清楚“我是谁”

活着，好像从来不会死；死时，却好像从未活过，当一个人的时候，你会有这样的恐惧吗？你是否不愿意这样活一生呢？我是谁？这个终极的提问往往会在午夜难眠的时刻被提出。了解自己，是一项非常重要的事情。

在做心理咨询师之前，需要很长一段时间的自我成长过程。我不想轻飘飘地来人间走一趟，日复一日地过浑噩的生活，我想把自己搞明白。有一个信念支撑着我：当我把自己搞清楚，我就能搞清楚很多人，甚至，所有的人。

于是，我用了近一个月的时间，只要有灵感，不论白天还是黑夜，我都像警察抓小偷一样寻找着留存在我记忆中的各种痕迹：

襁褓中被父亲的胡子扎得生疼的感觉；

到处乱跑，摔倒了，被妈妈狠狠地骂：“活该，谁让你不老实点！”膝盖在流血，妈妈一边帮着包扎一边还在生气；

爸爸用自行车的前横梁兴冲冲地驮着我，带我去他的工作单位，他的同事们很喜欢我，给我买了很多好吃的；

青春时节，那个喜欢我的男生热辣的眼神；

为高考奋斗时，那个穿着白色牛仔裤，白色T-恤衫，扎着一个长长的马尾，利用课间十分钟，在操场上挥洒汗水的自己；

……

一旦回忆起来，各种片段便在头脑中闪现，各种感觉也会重新激荡在心头。从童年到青春期，到大学，到毕业工作，我写下了几万字的“人生故事”，把浑噩的自己梳理出了一条线。

我清晰地看到，很多过去的伤痛和迷惑，还有一些人需要感恩和珍视。于是，我联系到一些人，向他们表达了在我人生中的重要性。比如，我小学六年级的班主任老师，他是我童年时期唯一给予过我鼓励、认可的人，当我在网络上和已经退休的他表达他当初是怎么样彼此鼓舞，让我后来在语文学习中更加用功。我后来的记者工作以及写专栏和出版图书，都和老师有着潜移默化的关系。我还拿出初一时，他写给我的信，拍了照片给他，老师虽然已经忘记了这已经二十多年前的事情，但是，他依然很激动，他说我的反馈让他感受到了身为教师的价值。

虽然，这个反馈在二十多年后才传达出去，但是，正是由于岁月的沉淀而显得愈发珍贵，而这就是我在岁月长河中掬起的美丽浪花。

一次，前男友联系上我，我本来不想再联系，因为对于他，还有一些我不愿意面对的回忆。我又知道，不愿面对，就是还未放下、还未自我解放，那索性看看现在的他怎么说。在与他回忆回去时，我直接告诉他：很感谢他当初主动提出分手，否则就没有今天这么好的我。这个感谢是发自真心的，但是当初我“被分手”时，有一种输了的感觉，因为在这个关系中，他一直是很主动地追求。因为相处起来并不愉快，我会觉得主动说分手的人应该是我才对。多年后，再面对他时，我更加清楚地觉察到自己未完结的情绪在哪里。

他补充说明了当初分手时自己的身不由己、能力不足。听他这么说，我仿佛感觉自己又赢了。但是，马上我觉察到：放不下的其实是自己的自恋，自己想得到的无非是关系中的可控位置，一种权利感，其实，就算当初对方是厌倦自己了，讨厌自己了，那也很正常，凡事不再总以自己为中心，才是一种豁达和解放。

○ 缩减自己的人生故事，再次精炼

当第一版的人生故事写完，我又对其中的一些故事做了处理之后，遇到了一位督导老师。这位老师引领我们心灵成长的一个方法就是：书写自己的人生故事，然后不断地缩减。最后，我几万字的人生故事经过删除、合并，以及对故事的后续进行探索和重新思考后，改成了以下这个版本：

父母给了我生命，也给我设置了诸多的障碍来体会为生命“解套”的乐趣。如果没有他们在生命之初的这些安排，我的人生确实也没什么功课可做。

生命中陆陆续续出现的人就着父母的轨迹，来将我的人生拓展得五彩缤纷。我像一只蜘蛛，站在网中央主导着这一切，与别人配合着制造着甜蜜或是伤痛，体会着复杂得无法表述的滋味。

当有一天我明白，自己眼前这个世界，完全是内心的一个反射的时候，我开始走向自己深深的内在，去修补旧日山河，去发现隐藏在伤痛后面的事实——一切都是可以宽恕和理解的。

于是，我第二次重生了。当将所有发生的一切，都看成是老天要我们成长而需要做的功课时，我怀着感激而谦卑的心接受了一切。当我逐渐接受和理解，那部分过去就像烟雾般袅袅散去……归于空。

就这样活着吧，很美好、很踏实……

童年影响着我们的一生。把生命的长度放得很宽时，我才发现，童年时期父母与我们形成的沟通互动模式，影响我到如今。比如我对做饭的反感，源于内心深处认为做饭这件事有一种低价值感。那种低价值感是妈妈的感受，她认为女人不应该整天围着灶台转，理想的样子就是应该有自己的工作和事业。

而我对“心理咨询师”这个职业的热爱，源于父亲从小缺乏安全感而造成的性格上的缺陷，使得我总有一种拯救欲。当然，后来我又通过团体沙盘等成长工具进一步意识到，有时候本来他人之间没什么事情，可是自己却以为有冲突，而愿意主动去干预。对这种“天下本无事，庸人自扰之”行为模式的发现令我很惊讶，为什么自己有时候为别人瞎操心？可能就是卷入了自己的自以为是。看清楚了这一点，我以后的生活轻松多了。有时候，并不是别人需要自己，而是自己需要别人需要，因此自己来创造出这种需要，好让自己感觉到自己的价值感。这种“拯救欲”，带着高看自己的姿态，本身就是一种对别人的不尊重，有可能会弄乱别人的人生。当明白了这些之后，我只在别人真正有需求时提供帮助，不再“自认为”别人有需求而去主动对别人的生活进行干扰。

当一件件事，一个个人与我和解，我能知道，这些在我心中真的不留挂碍了。而留下的，则是生命中璀璨的珍宝，是值得珍惜的东西。

那些由于记忆所带来的不良情绪：羞耻、内疚、罪恶感、无力感……当我认真地面对它，接受它，处理它，我才是真的放下了它，它们从我的身体里就像蒸汽一般慢慢消散掉了。随之而来的，是平和、稳定、安详、喜悦和爱的感受，它们在我心里一层层在增长，我能感觉到自己的积淀和成长，这样的感觉真是美妙！

经过对自己人生故事的梳理、整合以及翻转，我们对心灵进行了“断舍离”。你到底装了多少东西在你的心里？在你的心里，有没有装着过往没有疗愈好的创伤？有没有装着情绪垃圾？有没有装着对他人的批判与不解？有没有装着担忧与恐惧？有没有装着评判与要求？有没有装着欲望、贪婪甚至罪恶？

所有那些被我们惦记、思索、影响的，都属于我们“心”的范畴，来算算，你的“心”容纳和承载了多少？

可能是我们的人际关系：父母、子女、伴侣、同事、朋友、各种社群；可能是我们的工作，以及工作带给我们的一切；可能是我们的生活：我们的业余爱好、我们的烦恼，向往的远方和不愿放弃的现在；可能是我们的责任：我们对自己的责任、我们对他人的责任、我们为他人承担了他们应该承担的责任，比如，我们要管孩子、伴侣、父母、兄弟姐妹以及朋友的事……

这一切，有没有消耗着你？让你背负着沉重的负担生活？你认为继续背负是否能让你过上你想过的生活，成为让你满意的自己？如果不能，是时候为我们这颗心进行“断舍离”了。

人的这颗心也和房子一样，容量是有限的。因此，需要知道对我的当下来说什么是重要的，我要好好照顾好它们，剔除不重要的，做一个简单的人。“照顾好自己的心灵”，是最划算的一件事，因为你所有的一切，都需要依托于这颗心去承载。

没有先爱别人这回事，你的内心没有爱，你拿什么去爱别人？

爱，只能经由你，流向他人。所以要先爱自己。

○ 看到导演故事和做演员的自己

一个20多岁的男孩J来找我做心理咨询。见面之前，他先发给我一份长长的自我分析，里面历数了他从小到大受的苦：被父亲鞭打、被一个叔叔责骂、自己的女朋友被自己最好的朋友抢走……全篇的回忆让我想起自己曾经做过的功课。

J写下这些，就是想告诉我，他之所以现在这么糟糕，就是因为这些事情，尤其是因为父亲对他的虐待！很明显，他陷在这些故事里面出不来了，他说自己时常冒出“把这些人都杀了，然后自己自杀”的危险想法。

我没有回应他的痛苦，也没有去和他讨论他所列的任何一件事，只是淡淡地说：“看你的人生故事，你似乎一直在扮演‘受害者’的角色啊。”

他从来没有跳出自己的故事来看过自己，听我这么一说，他又扫了一遍自己的故事清单，开始思考起来。

他是一个很有觉悟的人，他勇敢承认自己这样撰写人生故事的原因：“我之所以记住这些，就是可以不用对自己的现在负责。现在的我，一事无成，学业未完成，恋爱未成功，没有工作，还让父母养着，而我陷在这些事情里，什么都不愿意去干，心里面都是黑色的阴影。”

“你的人生故事里，为什么没有开心、快乐和感激的事情呢？”我问他。

“那些东西我觉得没有价值呀，值得记忆吗？”他反问我。

就是这样，我们有意识地记住了一些东西，并且很可能还对它做了很多美化；我们又刻意忽略了一些东西，仿佛它们都不存在过，而不同的选择就构成了不同的人生故事。

可以预料的是，如果J没有看清楚自己在人生中一直扮演受害者的角色，他在以后的人生过程里，依然还会“创造”出更多的受伤害的事情。因为，这是一种惯性而隐蔽的思维习惯，可以让自己把有些属于自己的责任抛给别人，貌似在保护自己，实则是拒绝成长、拒绝承担。正是这种思维习惯，让我们成为了自己人生故事的导演，并且自己充当故事里的主角，演得津津有味而浑然不知。

通过我的反馈，J有机会看到了潜意识深处的自己。

后来J把自己的网络头像从阴郁少年换成了一个阳光活力的自己，也走出家门去工作了。最近听说他为了追求心爱的女孩而搬到了女孩所在的城市。J的人生故事还在继续着，但是看得出，他故事中悲伤而黑色的基调已经有所调整，以后人生故事的内容就要靠他自己去创造了！

最后的告别：淡化至亲亡故给孩子带来的悲伤

单纯地告诉孩子生死无常，其实是很消极的做法。让孩子思考死亡，引导孩子更加珍惜活着的每一天，有意义地活好自己这一生，“死亡”也会成为孩子的一堂生命教育课。

○ 童童的故事

童童从小就是由奶奶带大的，所以和奶奶之间的感情甚至比父母还要深。奶奶因为新冠病毒感染住院的时候，童童正进入期末复习的紧张阶段。

这期间，童童一直问妈妈，奶奶会不会死去。妈妈不知道应该怎么样回答他，尤其是在孩子学习最紧张的时候，妈妈害怕告诉了童童实情，他会承受不住这样的打击。最后，妈妈安慰童童说，医院的医生和护士会想尽一切办法治好奶奶的。

然而，这些话并没有消除童童心中的疑虑。在学校住宿的日子，童童几乎每天晚上都会从噩梦中惊醒。由此，他的精神状况也变得不佳，经常上课走神的童童被老师点名批评了好几次。班主任关切地问童童发生了什么事情，童童只是闭口不回答，他不愿意把心中的恐惧说出来。

有一天，童童从睡梦中哭醒，是奶奶来向他告别，无论他如何挽留，奶奶还是离开了他。果然，当天童童就接到了噩耗。等把奶奶送走几个月之后，大家都以为从此可以回到正常的生活轨道上了。

可是童童以往快乐的样子却不见了，他开始琢磨死亡是怎么回事，妈妈告诉童童人死是正常的生命规律，奶奶只是去另一个世界了。童童突然问道："妈妈，我以后也会死的，对吗？奶奶一个人在那里孤单不孤单呢？我很想去奶奶那个世界找她……"

失去了亲人，对任何人来说，都是一件痛苦的事情，我们不能够因为担心孩子承受不了现实的打击而有意地去回避或者美化整个事件。记得遵循一个原则：不脱离事实。事实就是事实，如果歪曲了事实就是在对孩子撒谎，又怎么能够让孩子相信你呢？正视现实，才是最科学合理的做法。

一般的孩子在受到刺激之后，都会用大哭的方式来发泄自己的痛苦。我们通常的做法是劝解孩子不要哭了，但这种安慰的话其实是毫无用处的。

我们甚至应该相反而为之，让孩子哭，而且应该让他真正哭出来。尤其是那些语言表达能力上相对要弱一些的孩子。当他该流泪的时候默默地陪伴着他，让他自然地流露，这才有助于他的恢复。

相对内向的孩子，可能也不哭也不闹，我们不要错把这种沉寂的方式误解成性格的坚强。这种情况可是表示孩子还没有找到发泄心中负面情绪的方式和方法。如果积累起来，对以后的人生必定有很大的副作用。

如果孩子表现很麻木，拒不接受事实，这是一种对于伤痛的自我防御，我们需要做的事情是让孩子慢慢冷静下来，慢慢去接受这个现实，而不是为了避免孩子受到伤害而极力去遮掩。

失去亲人之后，多多少少会在心理上留下一些阴影。但孩子的自我修复能力要高于成人，随着时间的推移，真正会产生严重影响的情况并不多。而我们对于孩子的心理修复工作有着很大的责任。给孩子提供一些可以排解情绪的方法和途径，远比单纯语言上的安慰要有效有用得多。

青春期的孩子已经认知到了死亡对一个人意味着什么，而我们也有理由相信孩子会自己处理好发生的一切。我们可以先让他安静，让他用自己的方式来度过这个特殊时期，即便他闷声不响我们也不要过于干扰，当他需要我们的时候再去劝慰。在他最痛苦的时候不要尝试着去转移注意力。

亲人死亡，也可以看成是为了孩子成长而贡献的一个礼物，如果能够把握这一时机，让孩子开始学会思考一些有关生命和死亡的问题，则有着更为积极的意义。单纯地告诉孩子生死无常，其实是很消极的做法。让孩子思考死亡，引导孩子更加珍惜活着的每一天，有意义地活自己这一生，“死亡”也会成为孩子的一堂生命教育课。

○ 刘玲的故事

刘玲的爸爸半年前也因为确诊新冠而去世了。半年多来，她的脸上看不到任何笑容。为了哄女儿开心，一次妈妈对她说："玲儿，妈妈带你去吃麦当劳吧！"不料，刘玲的眼泪一下子涌出了眼眶，她哭着对妈妈说："妈妈，以后不要乱花钱了，要不爸爸会心疼的。"妈妈这才知道，半年了，孩子依旧沉浸在失去父亲的痛苦中。

刘玲从小就和爸爸亲，只要是她喜欢的东西，爸爸都会省吃俭用地买回来。他们三口之家的日子并不好过，妈妈身体不好天天吃药，全家人仅靠爸爸不多的工资维持着生活。

而爸爸为了刘玲能够接受更好的教育，毅然还是把她送到了全市最好收费最贵的学校就读，平时还会带她去最喜欢的麦当劳，而爸爸，总是什么都不点，只是笑着看女儿自己吃。

然而，残酷的现实却夺走了刘玲拥有的这份最深切的幸福。那天放学的时候，突然下起雨来。每天，爸爸都会提前出现在学校门口接自己回家，可是这样恶劣的天气，爸爸会不会准时到达呢？正当刘玲在心里面犯嘀咕的时候，马路对面那辆熟悉的美团外卖车上，爸爸经常穿的那件绿色雨衣出现了，是爸爸，她高兴极了。

然而，正是那次不知在哪个区域接触到了其他新冠病毒患者，而最终导致刘玲的爸爸也成了感染者的一员。

半年过去了，那个雨天可怕的场景一直未能从刘玲的心头放下，她认为是自己造成了爸爸的死亡，如果自己不用爸爸来接，那么爸爸就不会接触到新冠病毒感染者，爸爸就不会出事。每次看到爸爸以前的相片，刘玲都会在一边偷偷地抹眼泪。妈妈看在眼中疼在心里，妈妈一直很担心，她这么小的年纪，却始终处在爸爸去世的阴影中走不出来，整天郁郁寡欢的，这可怎么办呢？

在失去至亲至爱的人之后，孩子的悲伤远远胜于表面上所表达出来的现象。这时候，家长不要尝试着去怜悯自己的孩子。相信孩子，他们有力量去承担这一切。只是，他们缺少一种可以起到引导作用的力量。

爸爸的去世，对刘玲造成了很大的打击。这一时期，她认为在生活中缺失了保护自己的支柱，因此才会陷入抑郁寡欢的境地中无法自拔。

○ 不能与爸爸真正的分离，造成了孩子的痛苦。

刘玲一直对爸爸的死感到内疚和自责，这是很多人在亲人去世之后的常见表现，总认为亲人的死与自己有关，自己要对亲人的意外死亡负有责任。常见的思考模式是：如果当初自己不……他就不会死。说白了，刘玲还处于对爸爸的留恋状态，不能和爸爸真正告别和分离，而如此的依恋造成了刘玲的痛苦。

要帮助孩子走出阴影，就要让她认清亲人已经离去的事实，而自己的生活是需要继续的，爱自己的人虽然去世了，但是他的精神还在，他希望看到的是亲人快乐地活在世上。

妈妈要帮助女儿走出阴影，就要她学着自立。尝试着让孩子想象一下如果爸爸还活着的话，会要求她怎么做。并且还需要让孩子明白，妈妈永远不可能代替爸爸的位置，她要做的就是让自己坚强起来，把爸爸还没有实现的心愿完成，做一个对社会有用的人。

○ 家长面对死亡的表率作用对于孩子有着重要的影响。

成人要妥善处理自己的情绪，要表现得比较平静、自然，切不可悲痛欲绝，甚至歇斯底里，以免使孩子觉得死是可怕的。而在和孩子谈论这件事情的时候，谈论的重点应该放在生命中存在的美丽的一面，而不是死亡和疾病。

毕竟，和孩子沟通的时候，我们的目的是要让他们慢慢了解到死亡的意义，从而减少恐惧的心理，进而能够更好地生活下去。

保留对亲人的回忆和亲人留下的纪念品，为孩子保留一份美好的回忆。让孩子明白，学会面对失去也是一种财富。关键的问题不是我们失去了什么，而是我们拥有过什么，还能够拥有什么。